www.tredition.de

AF202555

Karin Möbius, geboren 1960, studierte Islamwissenschaft, Ethnologie und Psychologie in Bonn, Köln und Damaskus. Sie arbeitete als Lehrerin sowie in der interkulturellen Bildung. Zahlreiche, ausgedehnte Reisen führten sie in die islamische Welt von Marokko bis Indonesien.

Für meine Eltern

Karin Möbius

Syrien unzerstört

Ein Erfahrungsbericht

www.tredition.de

Verlag & Druck: tredition GmbH, Halenreie 40-44, 22359
Hamburg

Paperback   ISBN 978-3-347-31781-9

Inhalt

Kapitel 4 – Institutsferien

Kapitel 5 - Forschung und Landeserkundung

Kapitel 6 - Ein Stipendienjahr geht zu Ende

Vorwort: Sechs Richtige

Das Abenteuer begann mit einem Schreiben des Deutschen Akademischen Austauschdienstes: „Wir freuen uns, dass Ihre Stipendienbewerbung für -Syrien- erfolgreich war."

Im Frühjahr 1985 hatte ich mich für ein Kombiniertes Jahresprogramm beim Deutschen Akademischen Austauschdienst (DAAD) beworben. Es handelte sich um ein Studium am Arabic Teaching Institute for Foreigners in Damaskus plus ein Fachstudium an der Universität Damaskus. Die Syrische Regierung stellte dafür insgesamt drei Gegenstipendien zur Verfügung. Diese Stipendien wurden durch den DAAD aufgestockt. Ebenso sollten die Flugkosten übernommen werden. Ich hatte die umfangreichen Bewerbungsunterlagen zusammengestellt. Zwei Professoren hatten Gutachten über mich verfasst und ich hatte einen ausführlichen Studien- und Forschungsplan für Syrien formuliert. Im Mai wurde ich zum Auswahlgespräch für den 10. Juni eingeladen. Es war sehr aufregend und ich freute mich, dass ich so weit gekommen war. Bei den Vorbereitungen auf das Gespräch hatte ich festgestellt, dass es kaum Informationen über „die kulturellen und politischen Gegebenheiten im Zielland" gab. Zum Termin in Bonn angekommen, wartete ich mit ca. 20 anderen Bewerbern bis ich an die Reihe kam. Die Spannung stieg. Die Auswahlkommission war recht einschüchternd und ich konnte nicht einschätzen, wie ich mich geschlagen hatte. Aber bereits eine Woche später kam die Stipendienzusage, allerdings mit einer kleinen Einschränkung, die Unterlagen mussten noch dem syrischen Hochschulministerium zur endgültigen Entscheidung vorgelegt werden. Die Mühe hatte sich gelohnt. Ich erhielt eines der drei Stipendien, die für deutsche Arabistik- und Orientalistikstudenten ausgeschrieben worden waren. Es fühlte sich an wie sechs Richtige im Lotto.

Von deutscher Seite aus hatte ich also das Stipendium erhalten. Da es sich um ein Gegenstipendium handelte, musste auch das syrische Hochschulministerium zustimmen. Mitte Juni wurden meine Bewerbungsunterlagen an die deutsche Botschaft in Damaskus weitergeleitet, um sie zur endgültigen Entscheidung dem syrischen Hochschulministerium vorzulegen. Aber auch mit der Zusage des syrischen Ministeriums war der Prozess der Stipendienvergabe noch nicht abgeschlossen, denn der Stipendiat musste sich noch persönlich beim Arabic Teaching Institute vorstellen und auch angenommen werden, um die endgültige Zusage für die Studienförderung zu bekommen. Theoretisch bedeutete dieses Prozedere, dass ein Stipendiat, wenn er schon in Damaskus war, noch immer abgelehnt werden konnte und dann entweder auf eigene Kosten in Syrien bleiben konnte oder wieder abreisen musste. Allerdings wurde ich seitens des DAADs dazu ermutigt, dieses „geringe Risiko" auf mich zu nehmen.

Da ich die Semesterferien meistens für langanhaltende Auslandsaufenthalte genutzt hatte, schreckten mich unbekannte Umstände nicht ab. Ich hatte die Erfahrung gemacht, dass eine langsame Annäherung auf dem Landweg eine gute Vorbereitung auf ein fremdes Land war. Die Landschaft veränderte sich, die Menschen veränderten sich. Mir war es immer besonders wichtig, mit den Einwohnern der verschiedenen Regionen in Kontakt zu kommen, wahrzunehmen was ihr Leben ausmachte, wie die Stimmung war, was ihnen wichtig war. Ich wollte wissen, was sie kochten, wie sie sich kleideten, welche Handarbeiten sie fertigten oder auch welche Handwerkskunst sie beherrschten, die ich nicht kannte. Mir waren die Fragen wichtig: Was war anders und warum? Was war gleich oder ähnlich? Waren die Menschen zufrieden mit ihrem Leben? Wie gingen sie mit Problemen um? Auch fand ich es wunderbar zu spüren, wie sich das Klima veränderte und die Wärme zunahm oder die unbekannte Landschaft wahrzunehmen.

Kapitel 1 – Roadtrip Balkan/Türkei

Reisevorbereitungen

Also begann die konkrete Planung. Ich war mittlerweile nicht mehr allein, sondern wir waren eine kleine Familie geworden, bestehend aus Marco, Bert und mir. Wir wollten uns dem „geringen Risiko" auf dem Landweg nähern. Der Entschluss stand fest, wir wollten mit dem Auto fahren. Mein Vater unterstützte die Anschaffung eines VW-Campingbusses. Wir gaben unsere Wohnung auf, brachten unser Hab und Gut bei den Eltern unter und reduzierten unsere Habseligkeiten und unseren Hausstand auf vier Quadratmeter. Auf meine Anfrage Mitte Juli beim DAAD, ob ich auch Benzingeld erhalten könnte, statt der Flugkosten, die übernommen wurden, erklärte das zuständige Büro „Der DAAD ist grundsätzlich bereit, eine Reisekostenpauschale für die Hin- und Rückreise zu überweisen", vorsorglich wies man aber daraufhin, dass das syrische Hochschulministerium noch keine endgültige Zusage erteilt hatte. Mich schreckte diese Nachricht nicht ab. Ich war froh und glücklich, dass ich Marcos Vater Bert für das Abenteuer hatte gewinnen können. Er hatte zwar kaum Reiseerfahrungen, aber offensichtlich hatte ich ihn mit meinen Erzählungen über fremde Länder und meiner Begeisterung für das Reisen neugierig gemacht. Er war jedenfalls bereit, sich dieser unbekannten Unternehmung zu stellen. Die weite Fahrt, ca. 4000 km, bereitete weder ihm noch mir große Sorgen, denn ich war bereits mit Freunden in einem VW-Bus bis in den Süden Griechenlands (3000 km) gefahren und war mit einer Mitfahrgelegenheit bis nach Marokko (2500 km) gereist. Bert kannte sich mit Autos aus. Es war sein Hobby, alte Autos auseinanderzubauen und wieder zusammenzusetzten, daher machte ich mir keine Sorgen darüber, mit einem VW-Bus die Strecke Leichlingen - Damaskus zurückzulegen. Auch machte uns Mut, dass viele türkische Familien in den Sommerferien mit dem Auto in ihre Heimat fuhren und das jedes Jahr.

Das Stipendium bedeutete für mich Studium und Forschung mit dem Reisen verbinden zu können. Das Reisen und die Begegnung mit einer fremden Kultur hatten mich bereits in den Siebzigern infiziert. Es bedeutete damals einfach weg zu sein, nicht erreichbar zu sein und sein Leben in unbekannter Natur und Kultur fern von der bürgerlichen Enge genießen zu können. Darüber hinaus ging es darum, neue Erfahrungen zu sammeln und den Horizont zu erweitern. Ein Land intensiv zu bereisen und kennenzulernen braucht Zeit. Vor einer Reise existiert eine Vorstellung davon, wie es wohl werden könnte. Das Reisen birgt zudem eventuell die Möglichkeit Träume zu verwirklichen, der harten Realität zu entkommen und fiktive Räume zu erleben. Ein längerer Auslandaufenthalt, ist etwas anderes als Urlaub machen. Häufig findet die Fahrt abseits der ausgetretenen Pfade statt und bringt dem Reisenden die Nähe zu Land und Leuten sowie echte Erlebnisse. Diese Art des Unterwegsseins schließt den Besuch von Natur- bzw. Kulturdenkmälern der Region nicht aus, im Gegenteil es vertieft die Kenntnisse und es ergibt sich ein umfassenderes Bild. Reisende hinterfragen alles und beschäftigen sich mit der

Umgebung, sie haben einen inneren Drang etwas über Land und Leute herauszufinden und dabei etwas Neues zu lernen. Es reizt sie, immer mehr zu sehen, zu entdecken, die Welt wird immer größer. Reisende entwickeln sich mit ihrer fortschreitenden Exkursion. Der lange Weg verändert die Abenteurer, am Ende der Reise sind sie jemand anderes. Im Gegensatz dazu bleibt der Tourist eher an der Oberfläche. Er fährt in fremde Länder oder an unbekannte Orte, um sie kennen zu lernen, aber er lässt sich nicht auf sie ein, er passt sich nicht an die fremde Umgebung an.

So viel Zeit blieb nicht mehr. Im Juli wurde der VW-Bus gekauft und unser Hausstand in Deutschland aufgelöst. Einen Monat veranschlagten wir für die Fahrt und planten im August zu starten. Denn im September, einen Monat vor Studienbeginn, sollte man sich bereits in Syrien einfinden. In dieser Zeit, also vor Studienbeginn sollten die Formalitäten erledigt werden, die Wohnungssuche sowie die Eingewöhnung und Orientierung vor Ort stattfinden. Als erstes schrieb ich an die deutsche Botschaft in Damaskus und bat darum, mir Auskünfte zukommen zu lassen, falls besondere Vorschriften zu beachten seien, wenn wir auf dem Landweg mit einem Auto einreisen würden. Einen Tag!! vor unserer Abreise erhielt ich folgende Antwort: „Grenzbestimmungen sind nicht fixiert, können aber zeitraubend sein. Diverse Gebühren sowie ein einmaliger Zwangsumtausch in Höhe von 100 US Dollar pro Person sind dort zu entrichten. Im Prinzip können Sie sich bis zu 90 Tagen mit Ihrem Pkw in Syrien aufhalten, danach muss der Wagen wieder aus

Syrien heraus sein. Ob sie die maximale Zeitspanne jedoch erhalten, ist von Ihrer Überredungskunst und der Laune des einzelnen Grenzbeamten abhängig." Diese Information war recht kurios, sie bedeutete faktisch, dass das Auto maximal drei Monate im Land bleiben könnte eventuell aber auch kürzer.

Auf unser Leben in Syrien hatte ich mich mit Hilfe der Berichte ehemaliger Stipendiaten des Jahresprogramms in Damaskus vorbereiten wollen, denn „Stipendiaten sind verpflichtet, dem DAAD über die Stipendienzeit zu berichten" hieß es in den allgemeinen Bedingungen für deutsche Stipendiaten. „Wichtig sind möglichst genaue und aktuelle Informationen sowie Beobachtungen über die allgemeinen Studien- und Arbeitsbedingungen, aber auch konkrete Hinweise und Ratschläge" (Allgemeine Bedingungen für deutsche Stipendiaten des DAAD,

1985; S. 8). Trotz mehrerer Anfragen beim DAAD war es mir jedoch nicht vergönnt, vor unserer Abreise solche Berichte von Stipendiaten, einzusehen, denn es hatten bereits in den beiden Jahren zuvor gleichartige Stipendienprogramme in Syrien stattgefunden. Aber ich ließ mich nicht entmutigen.

Mit Marco suchte ich den Kinderarzt auf. Dr. Bitter sah keinerlei Probleme darin, mit Marco nach Syrien zu reisen. Er beruhigte mich mit den Worten, dass auch die türkischen Kinder krank würden, wenn sie in die Heimat führen. Es seien dort lediglich andere Bakterien anzutreffen, an die sich jeder Organismus gewöhnen könne. Marco war bei unserem Aufbruch zehn Monate alt und ich stillte noch. Ich beschloss dies auch weiterhin zu tun, bis ich die ernährungstechnische Lage in Syrien sondiert hatte.

Um die Reiseroute planen zu können, besorgten wir die entsprechenden Karten und stellten fest, dass der kürzeste Weg durch Bulgarien führte. Zur Durchquerung Bulgariens benötigten wir Transitvisa. Diese mussten beantragt werden ebenso wie drei Visa für Syrien.

Wir kauften eine Art Miniwaschmaschine, denn Wäsche von drei Personen immer mit der Hand zu waschen, schien kaum machbar. Mein Vater baute eine Aluminiumkiste für Lebensmittel. Wir nahmen auch den Buggy mit. Was war sonst noch zu tun? Welche Kleidung nimmt man mit für ein Jahr? Der Platz im VW-Bus war begrenzt, doch mein Enthusiasmus war ungebrochen.

Aufbruch

Nach meinem Geburtstag Anfang August war es soweit. Wir fuhren los, durch Österreich und dann über den berühmt berüchtigten Autoput. Wir wollten bis in die Türkei zügig durchfahren, um dort genügend Zeit zu haben, das Land und seine Bewohner zu erkunden. Der Autoput war eine der wichtigsten Transitrouten über den Balkan und wurde von zahlreichen türkischen Arbeitsmigranten zu Beginn der Sommerferien benutzt, um in die Heimat zu fahren. Die legendäre Route war 1188 Kilometer lang und verlief von Westen nach Südosten durch das ehemalige Jugoslawien. Die gefährliche Straße war über weite Strecken in schlechtem Zustand und der Verkehr war enorm. Das Wort „autoput" bedeutet auf Serbokroatisch schlicht Autobahn. Ich wusste allerdings, dass es sich dabei nicht um eine Autobahn nach deutscher Vorstellung handelte, denn auf der Rückfahrt von Griechenland war ich schon einmal über diese „Autobahn" gefahren. Der überwiegende Teil bestand aus einer Mischung zwischen Schnellstraße und einfacher Landstraße. Es gab einige Ortsumfahrungen und Brücken bzw. Unterführungen für kleinere Straßen, aber die „Autobahn" war selten mehrspurig und die Ergebnisse abenteuerlicher Überholmanöver konnten auf beiden Seiten der Strecke im Straßengraben betrachtet werden. Dort lagen verrostete Auto- und LKW-Wracks, die nicht weggeschafft worden waren. Wie zur Warnung mahnten sie an einen weniger riskanten Fahrstil. Oder aber vielleicht daran Pausen zu machen. Die Szenerie rechts und links zeigte uns wie man es macht. Türkische Familien pick-nickten überall entlang der Strecke. Es war erstaunlich wie viele Personen in einen Ford Transit passten und was sonst noch so mitgenommen wurde. Dabei fuhren sie nur für sechs Wochen in ihre Heimat und nicht für ein Jahr. Wir waren wie Exoten, denn deutsche Touristen waren kaum unterwegs. Alle Reisenden waren erstaunt, aber stets freundlich und neugierig uns gegenüber. Von meinen türkischen Kommilitoninnen wusste ich, dass sie diese Touren in die Heimat hassten, es war eng und stickig in den Autos, eher eine Qual als ein Vergnügen. Die Landschaft entlang der Strecke war abwechslungsreich, Felder wechselten sich mit südeuropäischem Baumbestand ab. Es ging durch weite Ebenen und karge Berglandschaften. Am Straßenrand hüteten Jungen mit langen Stecken die Kühe der Familie.

In Jugoslawien hatten wir eine Panne. Der Motor war zu heiß geworden und ein Ventil hatte sich fest gefressen. So ein Mist, gleich zu Beginn! Überwiegend fuhr Bert, doch ich war gefahren, denn er musste sich zwischendurch auch mal ausruhen. Nachts fuhr es sich am besten, denn da schlief Marco. Es war dunkel und richtig fit war ich auch nicht. Man musste sich arg konzentrieren, denn Straßenbeleuchtung war eher Mangelware. Als es komisch roch und der Motor stockte, weckte ich Bert. Klar, dass er nicht begeistert war geweckt zu werden und in den Motorraum schauen zu müssen. Er stellte fest, dass ich längere Zeit viel zu schnell im dritten Gang gefahren war und sich ein Kolben festgefressen hatte. Ich ärgerte mich riesig über mich selbst. Zu blöd,

es lag nicht am Auto, sondern ich hatte einen Fehler gemacht und damit unser Unternehmen gefährdet. Das
konnte ich mir nicht verzeihen und hoffte inständig, dass
der Schaden zu beheben sei. Es war Samstagabend noch
200 km von der bulgarischen Grenze entfernt. Wir fuhren langsam von der Straße ab in Richtung einer Ort-
schaft. Dort sprachen wir die erstbesten Menschen, die
wir sahen an, denn es war schon dunkel und kaum jemand war unterwegs. Das freundliche Paar kannte
glücklicherweise eine Werkstatt und führte uns dorthin.
Die Werkstatt war noch geöffnet und der Besitzer war
bereit, uns trotz der späten Stunde zu helfen. Offensichtlich kam es nicht so selten vor, dass in den Sommerreise-
monaten Pannen von Vorbeifahrenden behoben werden mussten. Unsere Vermittler waren ein unglaublich
nettes Lehrerehepaar, die Marco und mich für die Nacht
bei sich aufnahmen. Wir konnten bei ihnen im Wohnzimmer auf dem Sofa übernachten und wir blieben dort
bis Sonntagmittag. Selbstverständlich wurden wir mit
verpflegt. Diese bewundernswerte Gastfreundschaft
wildfremden Menschen gegenüber beeindruckte mich
außerordentlich. Auch besänftigte diese rührende Begegnung meine Selbstvorwürfe. Genau diese wunder-
vollen Zusammentreffen in fremden Ländern mit unbekannten Menschen liebe ich beim Unterwegssein. Am
Mittag konnten wir unsere Fahrt fortsetzen. Wir näherten uns der bulgarischen Grenze und kramten unsere
Pässe mit den Transitvisa heraus. Der Grenzübertritt bereitete keine Probleme. Da wir lediglich über Transitvisa

verfügten, mussten wir Bulgarien innerhalb von 30 Stunden durchqueren und durften die Transitstrecke nicht verlassen. Als es dunkel wurde, war die einzige Lichtquelle das Scheinwerferlicht unseres VW-Busses, daher kamen wir nur langsam voran. Es war schon etwas gruselig, denn eine Straßenbeleuchtung gab es nicht. Um uns herum war es stockdunkel. Nachdem wir aber erst im letzten Moment ein riesiges Loch mitten in der Straße, mit einem daneben liegenden Gullideckel entdeckt hatten, bewegten wir uns nur noch im Schritttempo vorwärts. An Schlafen war nicht zu denken. Vielmehr saßen wir zu zweit vorn, damit uns auch kein weiteres Loch dieser Größenordnung entging, denn eine gebrochene Achse wäre sicherlich das Aus unseres Abenteuers gewesen. Wir trauten uns kaum zu schlafen, weil wir nicht wussten, ob wir die Strecke in diesem Tempo innerhalb von 30 Stunden bewältigen konnten. Irgendwann mussten wir jedoch aufgrund von zu starker Müdigkeit erstmal eine Pause von vier Stunden am Straßenrand einlegen. Im Morgengrauen wurde die schöne Landschaft Bulgariens erkennbar, doch wir hatten bedauerlicherweise keinen Blick dafür.

Als wir die Moschee in Edirne am Grenzort Bulgarien/Türkei erblickten, waren wir sichtlich erleichtert. Kaum zu glauben, aber wir reisten ohne Probleme in die Türkei ein. Alles erschien uns ganz anders, heller, freundlicher, gelassener. Edirne war die ehemalige Hauptstadt des Osmanischen Reiches. Wir fuhren über die sehenswerten Brücken aus dieser Zeit und hatten stets die weithin sichtbare Selimiye-Moschee im Blick.

Edirne war vor allem ein Handelsplatz für landwirtschaftliche Erzeugnisse, hauptsächlich für Weintrauben. Die Haupterzeugnisse der Stadt, Textilien und Textilrohwaren, Lederwaren und Teppiche, außerdem Rosenwasser und -öl wurden in den historischen Basaren angeboten. Doch bedauernswerterweise hatten wir keine Energie mehr, die sicherlich sehenswerte Stadt zu besichtigen. Wir waren völlig erschöpft und sehnten uns nach einem ruhigen Plätzchen, um eine ausgiebige Rast zu machen. So nahmen wir den kürzesten Weg zum Meer und blieben dort erstmal am Strand stehen. Unweit unseres Standortes holte ich in einem idyllischen Dorf Wasser am Brunnen. Dort traf ich eine überaus freundliche Frau, an der ich meine rudimentären Türkischkenntnisse erprobte. Sogleich lud sie uns zum Tee ein und Marco freute sich riesig, Kinder zu sehen. Ich war begeistert mir eines dieser hier üblichen weißen, eingeschossigen, mit einfachen Dachziegeln gedeckten Häuser von innen ansehen zu können. Vor der Tür standen Gemüsezöglinge in Blechdosen auf einem aus Ziegelsteinen, Stöcken und Brettern gezimmerten Pflanztisch. Eine aus Beton gegossene Treppe führte ins Haus, dessen Holztüren und Fensterläden Türkis angestrichen waren. Der Boden war mit einfachen Läufern bedeckt und das Mobiliar war mit Decken und Tüchern abgedeckt. Es war absolut ordentlich, kühl und sauber im Haus, was erstaunlich war, denn draußen vor der Tür war es heiß und staubig. Ich war fasziniert von der vorbehaltlosen Begegnung und der Offenheit der Mutter von fünf Kindern. Ihre Kinder waren glücklich mit Marco auf dem

Schoß fotografiert zu werden. Beim Abschied bekamen wir so viel Gemüse geschenkt, dass wir es nur mit Hilfe der Kinder zum Bus tragen konnten.

Nach Assos, Ayvalik und Izmir verließen wir vorerst die Küste und fuhren über Aydin etwas ins Landesinnere. Doch zuvor schauten wir uns Ephesus an. Marco krabbelte die antike Prachtstraße entlang und wir besichtigten das römische Theater. Unglaublich, aber es waren keine Touristenmassen unterwegs. Wir waren allein auf weiter Flur und konnten alles ungestört betrachten. Als wir weiterfuhren, durchquerten wir eine herrliche Berglandschaft. Wir passierten antike Steinbogenbrücken und wurden in einem kleinen Bergdorf von einem Polizisten angehalten. Aber nicht etwa, weil er uns ermahnen oder für irgendetwas bestrafen wollte, sondern einfach aus Freundlichkeit und Neugier. Er wollte wissen, was wir hier machen und auch mal unseren Bus anschauen. Sogleich kamen Dorfbewohner hinzu und hießen uns herzlich willkommen. Wir machten von allen ein Foto und verabschiedeten uns, denn wir wollten noch am selbigen Tag in Marmaris ankommen. Die Straßenverhältnisse waren sehr schlecht, die Strecke war nur teilweise asphaltiert und darüber hinaus einspurig. Wir kamen nur langsam voran und das Fahren erforderte eine erhebliche Konzentration. Unser Ziel war das wunderbare blaue Meer. Etwas außerhalb von Marmaris fanden wir einen schattigen Platz in einem Wäldchen, an dem wir ein paar Tage bleiben wollten. Dort trafen wir auf Honigsammler, die in der Nähe ihre Zelte aufgeschlagen hatten und uns ihren Honig anboten. Wir kauften eine große Blechdose voll wohlschmeckenden Honigs, der uns über eine lange Zeit das Frühstück versüßte. Marco legten wir in eine zwischen zwei Bäumen aufgespannte Hängematte, während wir uns mit den regelmäßig anstehenden Tätigkeiten beschäftigten. Unser Bus war doch recht vollgepackt und daher andauernd unordentlich. Trotz des kleinen Raums gab es immer viel zu tun. Bert räumte meistens auf, während ich unsere Kleidung wusch oder mich mit Marco beschäftigte, wenn er wach war. Standen wir länger an einem Platz, wuschen, kochten und reparierten wir was angefallen war. Nebenher reichte die Zeit kaum, um ausgiebig durch die Orte zu schlendern. Aber wir suchten uns immer landschaftlich schön gelegene Stellen, meist etwas außerhalb, an denen wir campierten. Die Natur gefiel uns besser als die Touristenorte, an denen wir eher wenig Kontakt zur türkischen Bevölkerung knüpfen konnten.

Ab Marmaris wurde es immer heißer und auch schwüler. Wir schwitzten ständig. Sogar Marco war häufig klatschnass, aber es schien ihm nichts auszumachen. Unser Weg führte weiter nach Antalya. Hier hatten wir die Möglichkeit, ein paar Besorgungen zu machen. Ich kaufte Stoff, um mir eine Hose zu nähen, denn wir hatten zwar viel Zeug mit, aber irgendwie zu wenig zum Anziehen. In der Stadt trafen wir das Bonner Pärchen Christa und Kurt mit ihrem zwei Wochen alten Säugling, Philipp. Sie lebten auf einem Segelschiff, der Etymon im Hafen und sie hatten Probleme mit der Bordelektronik. Bert reparierte das Elektrosystem und Christa und ich nähten eine Hose für mich. Die Hängematte spannten wir zwischen den beiden Masten auf und Marco konnte dort gemütlich schaukeln und schlafen. Es war herrlich.

Von Antalya setzten wir unsere Reise nach Anamur, das nicht so touristisch war, fort. Ganz in der Nähe ist das Kap Anemurion, es markiert den südlichsten Punkt Kleinasiens und bedeutet eigentlich „Windige Nase". Anamur selbst war eine nette kleine Stadt mit einem schönen Strand. Wir beschlossen hier zu übernachten und uns auf die Weiterfahrt nach Syrien vorzubereiten. Am Abend kam eine türkische Großfamilie an den Strand und begrüßte uns freudig, so dass wir gleich Freundschaft mit ihnen schlossen. Wir durften mit dem Bus nah am Strand auf ihrem Grundstück stehen und wurden fortan mit Milch für Marco versorgt. Die Herzlichkeit und Großzügigkeit der Menschen, die wir in der Türkei kennenlernten war überwältigend. Häufig überkam mich ein Schamgefühl, wenn ich daran dachte, dass sie in Deutschland weit weniger gastlich und zuvorkommend empfangen wurden. Wir standen mit unserem Bus etwas erhöht unter ein paar schattigen Bäumen. Eine Wasserpumpe mit Frischwasser war direkt neben uns. Kühe und Esel weideten in Sichtweite. Der Strand war zum Teil steinig, aber das Wasser Badewannenwarm. Marco war verrückt nach dem Meer. Er krabbelte immer auf die Wellen zu und konnte vom Plantschen nicht genug bekommen. Ab und zu kam ein Familienmitglied unserer Gastgeber vorbei, um mit uns schwimmen zu gehen oder uns zum Tee einzuladen. Hin und wieder kamen sie zum Picknicken und freuten sich, dass wir immer unseren Müll einsammelten und die damit gefüllten Plastiktüten in den Baum hängten. Sie beklagten, dass die einheimischen Familien, die an den Strand kamen, dies leider nicht so handhabten. Allerdings war es meistens schwer unseren Müll zu entsorgen, denn in den Orten gab es nur wenige dafür vorgesehene Behälter. Einige Tage später verabschiedeten wir uns von unseren fürsorglichen Gastgebern und versprachen auf dem Rückweg in einem Jahr wieder vorbei zu kommen.

Von Anamur aus wollten wir dann ohne große Aufenthalte nach Syrien weiterfahren. Ein bisschen Angst hatte ich schon vor der Grenze, denn ich machte mir Gedanken, welche Probleme uns bei der Einreise erwarten würden.

Kapitel 2 – Endlich in Syrien

Einreise

Wieder waren wir nachts unterwegs. Eine kleine Straße führte durch eine gebirgige Gegend, viel mehr war leider nicht zu erkennen, denn wie so häufig während unserer nächtlichen Fahrten gab es keine Straßenbeleuchtung. Auch die kleine Grenzstation in Yayladagi war dürftig elektrifiziert und es war nicht viel los, weil sie an einer Nebenstrecke lag. Die Posten hatten also genug Zeit sich mit uns zu befassen. Zuerst mussten wir auf der türkischen Seite der Grenze zur Polizei und dann zum Zoll. Da wir ausreisten war das eine eher unspektakuläre Angelegenheit, aber wir waren ja auch problemlos in die Türkei eingereist. Danach kontrollierten die syrischen Grenzbeamten zunächst unsere Pässe mit den Visa und stempelten sie ab. Für uns Erwachsene wurde ein Zwangsumtausch von 100 US-Dollar pro Person fällig, wofür wir 1650 syrische Lira erhielten. Anschließend mussten wir zur syrischen Passkontrolle und als nächstes zum Zoll. Im Anschluss daran waren wir verpflichtet für unseren VW-Bus neue Autopapiere anfertigen zu lassen. Ebenso mussten wir eine Autoversicherung für Syrien, die 220 syrische Lira kostete, abschließen. Nun wurden wir abermals zum Zoll geschickt. Die Beamten schauten sich unseren Bus genau an, wir mussten die Heckklappe öffnen, aber sie ließen uns freundlicherweise nicht alles auspacken. Dann schauten sie durch die Seitentür und sahen, dass Marco inzwischen eingeschlafen war. Zuvor hatten die Grenzbeamten uns immer mit

Marco auf dem Arm zwischen den verschiedenen Schaltern hin und herlaufen sehen. Sicherlich war dies auch ein Grund, dass wir glimpflich bei der Inspektion unseres Busses davon kamen. Schließlich öffnete uns ein Bote den Schlagbaum und erhielt dafür 10 syrische Lira (Bakschisch?). Schon beim Grenzübertritt bestätigte sich, dass wir wahrscheinlich Schwierigkeiten mit dem Auto in Syrien bekommen würden, denn für den Bus erhielten wir lediglich eine Aufenthaltsgenehmigung von einem Monat. Den Brief von der Deutschen Botschaft, der einen Tag vor unserer Abfahrt eingetroffen war und besagte, dass die Aufenthaltsdauer für den Bus von meinem Verhandlungsgeschick abhing, hatte ich mittlerweile vergessen.

Aber erst einmal fuhren wir wieder im Lichte unserer Scheinwerfer. Das Gebiet in der Grenzregion war dünn besiedelt und da es dunkel war, konnten wir keine Behausungen entdecken. Auf beiden Seiten der Grenze passierten wir eine gebirgige Gegend und die Straße auf der syrischen Seite war nicht asphaltiert. Wir bewegten uns recht langsam voran.

Plötzlich erhob sich eine Kette mit zwanzig Zentimeter langen Stacheln aus der staubigen, unbefestigten Straße. Im Licht unseres Busses tauchten Soldaten mit Maschinengewehren auf. Wir erschraken sehr und waren starr vor Angst. Man bedeutete uns auszusteigen und den Bus zu öffnen. Marco, der in seinem Kindersitz schlief, fing sofort an, lauthals zu brüllen. Daraufhin sahen die Soldaten glücklicherweise davon ab, uns weiter zu kontrollieren. Wir durften die Türen schließen und weiterfahren. Der Spuk war vorbei. Die Erinnerung an diesen Schock hat sich in mein Gedächtnis eingebrannt. An Schlafen war nicht zu denken. Nach kurvenreicher, einspuriger Fahrt landeten wir schließlich am nächsten Morgen in Latakia. Es war inzwischen hell geworden. Bert schlackerte aufgrund des chaotischen Verkehrs mit den Ohren und fuhr erst mal irgendwie durch die Stadt. Hier herrschte zwar nicht so viel Verkehr wie beispielsweise in Kairo, aber ähnlich regellos und ungeordnet. An einer roten Ampel brauchte man nicht unbedingt anzuhalten. Fußgänger, Radfahrer und kleinere Vehikel wurden grundsätzlich nicht beachtet. Das Wichtigste an einem Auto war die Hupe. Darüber hinaus staunte Bert nicht schlecht, ob der alten Autos, die er am liebsten alle gekauft hätte, um sie mit nach Hause zu nehmen. Der alte runde Mercedes 180 war hier so häufig, wie bei uns der Golf. Ferner fuhren alte Opel Kapitäne und einige amerikanische Wagen umher.

Es schien als seien wir in eine andere Zeit versetzt. Latakia war die einzige große Hafenstadt Syriens am Mittelmeer und lag 50 Kilometer südlich der türkischen Grenze in einem schmalen, landwirtschaftlich genutzten Küstenstreifen. Die Stadt war 300 v. Chr. von den Griechen gegründet worden und hatte eine abwechslungsreiche Geschichte. Nach dem Zusammenbruch des Osmanischen Reiches wurde Latakia für sechzehn Jahre Hauptstadt des Alawitenreiches, das die Küstenzone des heutigen Syrien umfasste und der Hauptsiedlungsraum der Alawiten (Nusairier) war. In dem Latakia von 1985 gab es nur wenige Touristen. Auch war das Klima anders

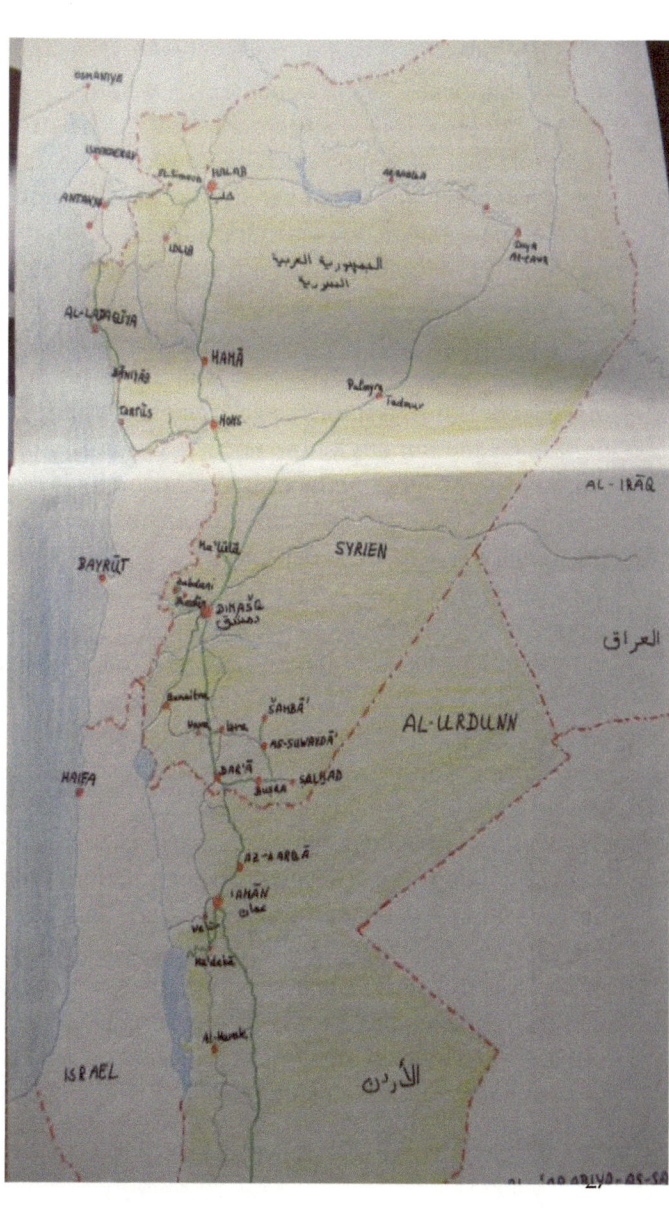

als in der Türkei, hier war es trocken und heiß, in Antalya und Anamur war es feucht und heiß gewesen.

Wir kamen auf eine ruhigere Straße und ich hatte das Bedürfnis mal jemanden nach allem Möglichen zu fragen. Da wir niemanden auf der Straße sahen, hielten wir vor einem Casino an und ich marschierte hinein. Zufällig traf ich dort auf den Besitzer des Hauses und er sprach Deutsch! Ich war hocherfreut. Er war Geschäftsmann und hatte lange in Deutschland gelebt. Zwei seiner Brüder waren immer noch in Deutschland und er freute sich mal wieder Deutsch sprechen zu können. Gerade wollte er in sein Sommerhaus fahren und lud uns direkt dorthin ein. Wir fuhren hinter ihm her und erreichten ein prächtiges Haus. Es war groß und im Inneren angenehm kühl. Dort weilte unser Gastgeber den Sommer über mit seiner Frau und den vier Kindern. Er stellte uns seiner Familie vor und zeigte uns das Anwesen. Dann musste er mit seiner Familie aufbrechen, um einer Einladung nachzukommen. Wir sollten auf ihn warten.

Als er abends zurückkam, fuhren wir mit ihm in seinen Garten. Garten war gut, es handelte sich um eine riesige Orangenplantage. Sie war wunderschön, es duftete betörend nach Orangen und mittendrin stand ein Haus. Wir konnten auch gleich eines der Zimmer beziehen. Unseren Bus stellten wir hinter dem Gebäude ab. Die Frau dieses Hauses stellte uns unser Gastgeber als seine Freundin vor. Sie war sehr hübsch und recht jung und vermutlich seine zweite Frau. Der Hausherr und seine Freundin bekochten uns vorzüglich und wir konnten uns nach der anstrengenden Fahrt ausruhen und unsere Wäsche waschen. Ich liebe solche Begegnungen gerade zu Beginn in einem fremden Land, denn sie sind der beste Einstieg. Sie bieten die Möglichkeit viele Fragen zu stellen, beispielsweise Wo bekommt man was? Was kostet dies oder jenes? Wie verhält man sich in verschiedenen Situationen? Wir erhielten in dieser angenehmen Umgebung die Gelegenheit uns einzugewöhnen und standen unter einem gewissen Schutz. Erst später als wir in Damaskus waren, wurde uns bewusst, dass unser wohlwollender Bekannter ein Mitglied der wohlhabenden Bevölkerungsschicht Syriens war. Er war sehr weltgewandt gewesen und hatte uns hilfreiche Ratschläge gegeben und viele Fragen beantwortet, aber einigen Fragen war er auch geschickt ausgewichen.

Landesbewohner

Als wir 1985/86 in Syrien waren, gab es ungefähr fünf Prozent unermesslich reiche Syrer, die aber ihren Besitz nicht zur Schau stellten. Sie hatten angeblich Angst vor der Verstaatlichung ihrer Besitztümer. Unser erster Gastgeber gehörte sicherlich dazu, nur war uns das bei unserer Begegnung mit seiner Familie und ihm nicht bewusst gewesen. Die Wohlhabenden in Syrien traten kaum in Erscheinung, sie genossen ihren Wohlstand eher im privaten Bereich. Daneben gab es eine kleine Mittelschicht, die hauptsächlich in Wirtschaft und Handel tätig war und sich aufgrund ihrer politischen Nähe zur Baath-Partei zahlreiche wirtschaftliche Privilegien sicherte. Offiziell war Syrien ein sozialistischer Staat mit

Planwirtschaft. Durch eine Landreform zugunsten der Kleinbauern waren die Feudalstrukturen abgeschafft worden. Die Einkommensverhältnisse des Bürgertums, der Bauern und staatlichen Angestellten waren eher bescheiden, in den vielen großen Familien reichten die Einkünfte so gerade.

Bei der Vorbereitung auf das Auswahlgespräch und unseren Aufenthalt in Syrien hatte ich mich auch mit der politische Situation im Land befasst, soweit es die dürftige Informationslage zuließ. Die arabische Republik Syrien wurde von der Baath-Partei, der Arabischen Sozialistischen Partei der Wiedererweckung regiert. Viele ihrer Mitglieder kamen aus der kleinen Mittelschicht und waren Geschäftsleute. Die Partei war sowohl auf die Mittel als auch das Wissen dieser Landsleute angewiesen und ließ daher genügend Spielräume, damit sie ihren Privatbesitz auch behalten und vermehren konnten.

Weiterhin fiel auf, dass es weder Bettler noch sichtbares soziales Elend gab. Auch waren an den Ein- und Ausfallstraßen der großen Städte keine kilometerlangen Slums mit Wellblechhütten und Bretterverschlägen zu sehen, wie beispielsweise in anderen großen arabischen Städten. Die Bevölkerung Syriens war zu dem Zeitpunkt als wir uns dort aufhielten, sehr vielschichtig, sowohl ethnisch als auch religiös. Sie bestand aus 70% Sunniten, 11% Alawiten (eine schiitische Sekte, die eng verwandt mit den türkischen Aleviten ist), 12 % Christen, 2 -3 % Schiiten, 3 % Drusen, Juden (1978 lebten noch etwa 4500 Juden in Aleppo und Damaskus) und Yeziden, die einer synkretistischen Religion iranischen Ursprungs anhängen.

Ethnisch betrachtet waren in den achtziger Jahren 90% der Bevölkerung Araber, überwiegend Syrer, aber auch Palästinenser und Iraker. Die meisten Araber waren Sunniten, aber auch Muslime anderer islamischer Glaubensrichtungen oder Christen. Eine neunprozentige Minderheit waren zu der Zeit Kurden, die in der Zeit von 1924 bis 1938 aus der Türkei nach Syrien geflohen waren. Sie gehörten ebenfalls überwiegend der sunnitischen Glaubensrichtung des Islam an. Daneben wohnten in Syrien sunnitische Tscherkessen, die Ende des 19. Jahrhunderts aus dem Kaukasus vertrieben wurden und sunnitische Turkmenen, ehemals halbnomadische Viehzüchter aus dem Irak. Aufgrund von Verfolgung kamen 1933 bis 1936 Aramäer ebenfalls aus dem Irak nach Syrien. Sie waren nestorianische Christen (Anhänger der Kirche des Ostens). Christliche Armenier, die zwischen 1925 und 1945 aus der Türkei flüchten mussten, machten etwa 1% der Bevölkerung aus. Um 1920 lebten ungefähr 30% Christen in Syrien. 1985 waren noch etwa 12 % der syrischen Bevölkerung Christen verschiedener Konfessionen. Über allem stand die Baath-Partei, die 1963 bei einem Militärputsch an die Macht gekommen war. Sie sollte als Bindeglied zwischen Muslimen und Christen fungieren und propagierte darüber hinaus „ischtirakiya" - die Gemeinsamkeit des Besitzes. Tatsächlich kontrollierten die Baath-Sozialisten mit Militärunterstützung in erster Linie das öffentliche Leben und die Medien.

In den kommenden Jahren bis 2011 veränderte sich die Bevölkerungsstruktur unter der neoliberalen Politik Baschar al-Assads merklich, 30% der Bevölkerung lebten nun unter der Armutsgrenze. Der Beschäftigungsanteil in der Landwirtschaft fiel von 30 Prozent im Jahr 2000 auf nur 14 Prozent im Jahr 2011. Private Wohltätigkeits- organisationen vor allem religiöse Verbände übernah- men die Verantwortung für soziale Dienstleistungen zur Linderung der wachsenden Ungleichheit. Während die Frauen 1985 überwiegend westlich gekleidet waren und nur wenige ein Kopftuch trugen, so war 2011 die Mehr- heit der Frauen mit einem Hijab bekleidet. Die Anzahl der in Syrien lebenden Christen war auf 5% ge- schrumpft.

Damaskus

Nach den erholsamen Eingewöhnungstagen in Latakia brachen wir nach Damaskus auf. Mittlerweile war es Mitte September. Damaskus liegt etwa 30 km von der libanesischen Grenze entfernt auf einer Höhe von 690 m am Berg Qasyun im Barada Tal. Der abflusslose Barada (Goldfluss) entspringt im westlichen Gebirge des Anti-Li- banon und bewässert die Oase Ghuta. Vom 1150 m ho- hen Djabal Qaysun hatte man einen wunderbaren Blick über die Stadt. Unsere erste Unterkunft in Damaskus war zunächst der Campingplatz. Der Platz lag außerhalb der Stadt und verfügte über keinerlei Komfort. Es war ein staubiges Gelände, von einem hohen Zaun umgeben, an dessen Rand einige hohen Bäume und Sträucher wuchsen. Auf dem Terrain stand ein Gebäude mit Rezeption und Aufenthaltsraum, im Nebenhaus waren die dürftigen Sanitäranlagen bestehend aus zwei gekachelten Räumen getrennt nach Männlein und Weiblein. Der Betreiber des Platzes war sympathisch und ließ uns manchmal sein Telefon benutzten. Die meisten Reisenden machten hier nur kurz Station, um sich Damaskus anzuschauen und dann weiter zu fahren. Doch für uns war der Campingplatz zunächst die Basis von der aus wir versuchten, ein Leben in Damaskus zu organisieren.

Endlich konnte ich auch die Urkunde zur Verleihung des Stipendiums in Empfang nehmen. Sie lag für mich auf der Deutschen Botschaft bereit. Aber noch hatte ich mich nicht beim Arabic Teaching Institut vorgestellt. Es fehlte also das letzte Mosaiksteinchen für den Erhalt des Jahresstipendiums. Beim ersten Versuch war jedoch am Institut niemand anzutreffen. Die Deutsche Botschaft von Damaskus war und blieb für uns eine wichtige Anlaufstelle während des kompletten Aufenthaltes. Hierher konnten wir uns unsere Post schicken lassen und auch manchen Rat einholen. Bei vielen Dingen waren den Mitarbeitern aber auch die Hände gebunden, denn Syrien reagierte sehr empfindlich auf die Einmischung in innere Angelegenheiten.

Damaskus selbst war völlig überfüllt mit Menschen (jedoch bei weitem nicht so sehr wie z. B. Kairo). Inoffizielle Zahlen sagten aus, dass ca. 60% der syrischen Bevölkerung als Auswirkung der Landflucht in der Hauptstadt lebten. Damaskus kam mir im Vergleich zu Städten in Marokko und Ägypten recht fortschrittlich vor. Die meisten Frauen waren modern gekleidet und die wenigsten trugen Kopftuch oder waren gar verschleiert.

Ebenso war Damaskus mit permanent hupenden Autos überfüllt. Die Kombination aus ungereinigten Abgasen und dem stets vorhandenen Staub, die sich in dem Talkessel staute, erschwerte das Atmen. Der Verkehr war chaotisch. Es schien keine Regeln zu geben. Dort wo dreispuriges Fahren vorgesehen war, wurde fünfspurig gefahren. Das Bilden einer Rettungsgasse war so unmöglich. Rote Ampeln waren eher eine Empfehlung, als dass sie irgendetwas bewirkten. Es dauerte ein halbes Jahr bis ich mich traute, überhaupt Auto zu fahren und bis ich verstand wie es ging. Darauf zu warten, dass ein anderer Autofahrer einen beim Abbiegen oder aus anderen Gründen in die immer vorhandenen Schlangen hineinließ, war utopisch. Man fuhr Dezimeter für Dezimeter vorwärts und nötigte andere Autofahrer zum Anhalten, indem man langsam aber stetig sein Auto in jede noch so kleine Lücke hineindrängelte.

In Damaskus vermisste ich die orientalisch bunte, gelassene Atmosphäre, die ich aus anderen arabischen Ländern kannte. Das mag zum einen daran gelegen haben, dass wir ja nicht als Touristen gekommen waren, sondern dass ich für einen einjährigen Studienaufenthalt gekommen war und dafür jede Menge organisiert werden musste. Aber zum anderen war die Atmosphäre weder gelassen noch bunt, sondern angespannt und grau. Die meisten Menschen waren modern gekleidet und hielten sich nicht länger als notwendig auf der Straße auf. Mir kam der Unterschied zwischen der Türkei und Syrien so vor, wie der Unterschied zwischen West-Berlin und Ost-Berlin zu den Zeiten vor dem Mauerfall in Deutschland. Beim Grenzübertritt in den Ostteil der Stadt hatte ich damals ebenso einen Wechsel von Bunt nach Grau beobachten können.

Dazu gab es in der Stadt sehr wenig Grün, nur kleine, staubige Parks waren hier und dort anzutreffen. Erst nachdem wir die meisten Formalitäten erledigt und eine Wohnung gefunden hatten, konnten wir unseren Blick auch mal dem sehenswerten Damaskus zuwenden. Sham, wie Damaskus auch genannt wird, ist eine der ältesten ständig bewohnten Städte der Welt und Besucher waren durchaus der Meinung, dass weder sozialistische Plattenbauten noch breite Asphaltschneisen durch die Innenstadt dem Charme der Stadt schadeten. Seit 1979 war die Altstadt Damaskus Weltkulturerbe der UNESCO und wurde hier und da restauriert. Da unsere erste Wohnung in der Altstadt, in Bab Touma lag, führten unsere Wege täglich durch das Gewirr der Altstadtgassen. Der historische Stadtkern war von einer Mauer mit Türmen und acht Toren umgeben, Bab Touma war das Tor zum Christenviertel.

Bei einem unserer Besorgungsgänge stießen wir auf den Azim-Palast, einem prachtvollen Beispiel für die traditionelle Architektur von Damaskus. Das mehrgeschossige Gebäude war von schwarz-weißen Mauern umgeben. In dem großzügigen Innenhof, um den sich die einzelnen Zimmer gruppierten, waren Wasserbecken sowie Springbrunnen und überall wuchsen verschiedene Pflanzen und Bäume. Dadurch war es angenehm kühl und die dicken Mauern hielten jeden Lärm von außen ab. Die Holzdecken der einzelnen Zimmer waren aufwändig gefertigt. Der Palast enthielt auch ein ethnographisches Museum, in dem nachgestellte Szenen aus dem Palastalltag und traditionelle Kleidung, Musikinstrumente und Waffen zu betrachten waren. Die wenigen Syrer, die sich im Palast aufhielten, freuten sich über unsere kleine Familie und umrahmten uns stolz für ein Foto. Durch den Suq al Hamidiya, einem anderen touristischen Highlight, mussten wir oft, denn in den Seitengassen waren die Dinge des alltäglichen Bedarfs zu finden: Plastikwaren, Küchenutensilien, Spielsachen und Schreibwaren sowie Textilien, Stoffe und Kleidung. Die mit Wellblech überdachte Hauptstraße des Basars war 600 m lang und von früh bis spät von Fußgängern bevölkert. Natürlich besuchten wir auch die Umayyaden-Moschee in mitten der Altstadt. Durch die Vorhalle betraten wir den weiten Innenhof, der von drei Minaretten überragt wird. Vom Hof aus gelangten wir in die riesige, 136 m lange Gebetshalle, die mit Teppichen ausgelegt war. Wir konnten uns frei bewegen, zwar ohne Schuhe, aber auch ohne Kopftuch. Hier und da saßen Gläubige, die es sich gemütlich gemacht hatten und ihre Gebetsketten durch die Hand gleiten ließen. Dieser Ort wurde von Christen und Muslimen gleichermaßen genutzt, denn hier befand sich auch der Schrein, der das Haupt Johannes des Täufers bergen soll. Im Stadtgebiet von Damaskus lebten sowohl Christen als auch Muslime in ihren jeweils eigenen Vierteln. Aber nicht nur das, sondern jede Konfession lebte in ihrem eigenen Quartier. So gab es das Viertel der armenischen Christen, das der sunnitischen Tscherkessen oder das der syrischen Katholiken. Die Segregation nach ethnisch/religiöser Zugehörigkeit war durchaus üblich in orientalischen Städten. Sie erleichterte intensive soziale Beziehungen sowie gegenseitige Hilfeleistungen, machte die Wohnungssuche für uns aber sehr schwer, denn wir gehörten zu keiner dieser Gruppen.

Kapitel 3 – Alltagsleben

Wohnungssuche

Die nächste große Herausforderung war dann auch die Wohnungssuche. Wir fragten überall herum und so gelangten wir nach Bab Touma, einem alten Stadtteil Damaskus, in dem hauptsächlich Christen wohnten. Institutsstudenten hatten mir den Tipp gegeben, denn einige von ihnen wohnten auch dort und die Mieten sollten relativ günstig sein. Am Tor von Bab Touma hatte ein Makler sein Büro. Er half uns ein Zimmer zu finden und brachte uns zu einem typisch arabischen Haus mit einem gekachelten Innenhof, indem ein Zimmer zu vermieten war. Als die Vermieter uns sahen, hieß es auf einmal, es sei doch kein Zimmer frei. Der Vermittler schaffte es jedoch, die Familie zu überreden, so dass sie uns schließlich das Zimmer gaben. Der spärlich ausgestattete Raum sollte 900 syrische Pfund kosten, was sich im Nachhinein als Wucher herausstellte. Da wir keine Ahnung hatten, waren wir froh überhaupt etwas gefunden zu haben. Dem Makler zahlten wir 200 syrische Pfund als Vermittlungsgebühr. Leider war der Stadtteil am anderen Ende der Stadt, denn das Arabic Teaching Institute lag in Muhagrin, genau wie die Deutsche Botschaft und es war zu weit, um zu Fuß zu gehen, aber der Bus war billig. Eine knappe Stunde vor Unterrichtsbeginn musste ich mich auf den Weg machen, um mit zwei verschiedenen Bussen, also einmal Umsteigen rechtzeitig nach Muhagrin zu kommen. Ich wollte diesen Umstand gern in Kauf nehmen, weil es mir wichtig war, bei einer Familie zu wohnen, denn mein oberstes Ziel war, mein Arabisch zu verbessern. Wir wohnten nun mit 14 Personen, den Großeltern, drei Brüdern, der eine davon hatte Frau und fünf Kinder und der Schwester, einem arabische Studenten und einem weiteren deutschen Studenten zusammen. Der Innenhof wurde von allen benutzt. Eine eigene Küche hatten wir nicht. Wir konnten die Küche, die auch als Bad fungierte mitbenutzen. Hier lernte ich die douche arabe kennen. Die Mutter der fünf Kinder zeigte mir, wie es geht. Ein großer Topf mit Wasser wird auf dem Herd erhitzt und das warme Wasser wird dann in einen Eimer gegossen. Man setzt sich auf einen Hocker vor den Eimer und schöpfte mit einem kleinen Gefäß das Wasser heraus und gießt es über sich, seift sich ein und duscht sich auf die gleiche Art und Weise wieder ab. Wir versuchten uns zu integrieren, aber es war schon aufgrund dessen nicht einfach, weil ich morgens das Haus verließ, während Bert zu Hause bei Marco blieb. In den syrischen Familien war die Rollenverteilung eher umgekehrt. Darüber hinaus waren wir Ausländer und gehörten weder der im Viertel ansässigen Ethnie an, noch ihrer Religion und wurden daher genauestens beobachtet. In der Zeit, in der ich im Institut lernte, passte Bert auf Marco auf, wusch im Hof die Wäsche und machte den Haushalt. Abends beklagte er sich darüber, dass die arabischen Männer sich über ihn lustig machen würden. Er verstand zwar kein Wort Arabisch, aber Gesten und Reaktionen waren wohl unmissverständlich. Doch drei Wochen später verließen wir das Zimmer wieder, denn es lag direkt an der Haustür und gegenüber der einzigen von allen 14 Hausbewohnern zu benutzenden Toilette. Außer den vielen Personen wohnten in dem Haus jede Menge Kakerlaken und Ameisen. Auch waren Hof, Küche und Baderaum sehr unhygienisch, so dass wir uns erneut auf die Suche nach einer Wohnmöglichkeit machten. Wir fanden auch ein Zimmer mit einer Küche für uns allein, die wollten wir nach unseren eigenen Vorstellungen sauber halten. Der Raum war wiederum in einem typisch arabischen Wohnhaus im gleichen christlichen Viertel. Als wir jedoch mit Sack und Pack vor der Tür standen, hieß es auf einmal, man wolle keinen fremden Mann im Haus. Was für eine herbe Enttäuschung. Wir hatten uns doch als Familie vorgestellt. Ich war fassungslos, dass man uns einfach an der Tür abwimmelte. Wir waren völlig ratlos. So blieb uns vorerst als einzige Möglichkeit wieder einmal nur der Campingplatz. Dort war es zwar recht interessant, es kamen abenteuerliche Leute vorbei, z. B. englische Reisegruppen, die 14 Wochenreisen nach Nepal/Katmandu über Türkei, Syrien, Jordanien, Iran, Pakistan, Indien machten und in London starteten. Des Weiteren ein deutsches Ehepaar in unserem Alter, das auf dem Landweg weiter nach Thailand, Malaysia, Australien und Amerika wollte. Sie hatten 50.000 DM gespart und planten, zwei Jahre unterwegs zu sein. Ein anderes Ehepaar, ebenfalls in unserem Alter, campierte für ein paar Tage auf den Platz. Die beiden waren 14 Monate mit einem VW-Bus-Westfalia/Diesel durch Afrika gefahren und nun auf der Rückreise. Auch war die Luft auf dem Campingplatz deutlich besser als innerhalb der

Stadt. Aber ich hatte so kaum Möglichkeiten mein Arabisch zu verbessern und der Winter stand vor der Tür. Es blieb uns also nichts anderes übrig, als weiterzusuchen. Anfang Dezember hatten wir dann glücklicherweise eine Wohnung im Stadtteil Muhagrin gefunden. Sie lag in der Nähe der Schule, so dass ich zu Fuß dorthin gehen konnte. Es war eine Zwei-Zimmer-Wohnung in einem Neubau. Die Vermieter waren Tscherkessen und sicherlich bekamen wir die Wohnung nur, weil der Vater der Familie vor 20 Jahren in Deutschland ein viermonatiges Praktikum als Architekt gemacht hatte. Wir waren die ersten Bewohner. Die Wohnung verfügte über eine recht moderne Einbauküche, in der sogar ein mit Gas betriebener Backofen war. Sie hatte eine arabische und eine deutsche Toilette sowie eine Dusche, für die in einem Ölbadeofen warmes Wasser produziert werden konnte. Auch der Kanonenofen im Wohnzimmer wurde mit Öl beheizt. Das Schlafzimmer verfügte allerdings nicht über eine Heizung und wir hatten lediglich Matratzen für den Fußboden. Etwas später stellte sich heraus, dass unsere Wohnung eigentlich eine Vier-Zimmer-Wohnung war und die Vermieter, die zwei anderen Zimmer auch vermieten wollten. Das bedeutete, dass derjenige, der dort einziehen würde, Küche und Bad mit uns teilen musste. Irgendwie schien man es mit der Wahrheit nicht so genau zu nehmen oder wir waren zu gutgläubig oder es handelte sich um Missverständnisse. Jedenfalls zog Britta aus Österreich wenig später dort ein. Wir kamen gut mit ihr aus, einzig dass sie immer syrische Lover hatte. Diese mussten sich vor der Heimfahrt auf jeden Fall gründlich reinigen, damit falls etwas auf dem Heimweg passierte, sie unbefleckt ins Paradies kämen. Dabei setzten sie stets die arabische Toilette unter Wasser, so dass ich morgens immer wieder auf Socken im Nassen stand.

Studium am Arabic Teaching Institute

Anfang Oktober begann der Unterricht am Institut. Das Institut war in einem relativ modernen Gebäude untergebracht. Davor lag ein ummauerter Hof, in dem die Pausen verbracht wurden und der mit einem Eisentor und Wärterhäuschen zur Straße hin verschlossen war. Das Institut war straff organisiert und der Umgangston war entsprechend rau. Zu Beginn des Semesters schrieben alle Studenten einen Einstufungstest, damit sie einem Kurs zugeordnet werden konnten. Es gab drei verschiedene Niveaustufen, einen Anfängerkurs, einen Kurs mittleren Niveaus und einen Fortgeschrittenenkurs. Ich wurde aufgrund meiner Testergebnisse einem mittleren Kurs zugeteilt. Er war sehr leicht und ich hoffte, bald wechseln zu können. Unsere Klasse war international, die Studenten/innen kamen aus Chile, Iran, Malaysia, Pakistan, England, Türkei und Afrika. Auch gab es mehrere Lernende mit Ostblock Nationalitäten. 1985, also vor dem Mauerfall, war das für mich als Westdeutsche recht interessant mit Studenten aus Ostblockstaaten in Kontakt zu kommen. Der Eiserne Vorhang ließ ja sonst keine Begegnungsmöglichkeiten zu.

Die Lehrer der einzelnen Kurse waren hundertprozentige Baath-Partei-Mitglieder und sehr unterschiedlich engagiert. Getreu sozialistischer Manier hatten die Lehrkräfte Programme erstellt. An fünf Tagen der Woche gab es jeweils vier Stunden Arabisch, theoretisch schien das Ziel der einzelnen Stunden der Erwerb der unterschiedlichen Sprachkompetenzen zu sein. Der Plan meines Kurses sah folgende Unterrichtsverteilung vor:

Stunde	Samstag	Montag	Dienstag	Mittwoch	Donnerstag
1	Lesen	ausgewählter	Lesen	arabische	Lesen
2	Praxis	Text	Praxis	Literatur	Zeitung
Pause					
3	Grammatik	Gespräch	Grammatik	arabische	Sprichwörter
4	Diktat	Diskussion	Diktat	Redewendungen	Berühmte Statements

Tatsächlich war der Unterricht eine einseitige Veranstaltung, der Lehrer sprach und die Studierenden schwiegen. Glücklicherweise konnte ich nach kurzer Zeit in den Fortgeschrittenenkurs am Vormittag wechseln und ging nun von 9 Uhr bis 12:30 Uhr ins Institut. Das Niveau war höher und manchmal verstand ich wenig. Allerdings hatte ich mich im mittleren Kurs meistens gelangweilt, weil mir der größte Teil des Unterrichtsstoffs bekannt war. Insofern war der Fortgeschrittenenkurs auf jeden

Fall vorteilhafter für mich. Bedauerlicherweise sprach der Lehrer überwiegend und so kam die Sprachpraxis zu kurz. Aufgrund der Größe der Kurse hatte jeder Student ungefähr einmal in der Woche die Chance einen Beitrag zu leisten, war man jedoch nicht schnell genug, unterbrach einen der Lehrer nach zwei Worten und vollendete den Satz so, wie er es sich vorstellte. Auch lehrte er uns die Technik, wie ein arabisches Wörterbuch zu benutzten sei und wie neue Vokabeln nachzuschlagen seien. In Deutschland hatte ich bereits ein Seminar besucht, in dem wir die Agurrumiya -eine arabische Grammatik- im Original gelesen hatten. Dafür war die Beherrschung der Nachschlagetechnik unabdingbar gewesen. Bei mehr als 40 Student/innen pro Kurs und unterschiedlichen Sprachständen innerhalb der drei Niveaus war es wohl nicht zu vermeiden, dass der ein oder andere bereits Bekanntes hörte. Unsere Leistungen wurden häufig überprüft. Meistens erzielte ich sehr gute Ergebnisse in den Arbeiten, denn sowohl in den Grammatikarbeiten als auch in den Diktaten machte ich keine Fehler.

Der Unterrichtsbesuch wurde streng überwacht. Zehn Minuten nach Unterrichtsbeginn wurde das Tor geschlossen. Zu-Spät-Kommende konnten erst wieder in der Pause das Schulgebäude betreten. Nach den ersten eineinhalb Stunden Unterricht gab es eine dreißigminütige Pause. Wer die Schule während des Unterrichts oder in der Pause verlassen wollte, brauchte eine schriftliche Genehmigung des Bürovorstehers. Ebenso war es nicht erlaubt, mehr als drei Tage zu fehlen, ansonsten musste beim Direktor vorgesprochen werden. Weihnachten und zu Neujahr hatten wir jeweils drei Tage frei. Ende Januar gab es für zwei Wochen Ferien. Nach den Institutsferien wechselte ich, in der Hoffnung im Unterricht mehr Sprachpraxis zu erwerben, nochmals in einen anderen Fortgeschrittenenkurs am Nachmittag. In diesem Kurs wurde auch tatsächlich etwas mehr in den Diskussionsstunden gesprochen, aber es gab pro Woche nur eine einzige Stunde Diskussion. Diese Unterrichtsverteilung legte die Vermutung nahe, dass es offensichtlich nicht erwünscht war, dass sich die Studierenden äußerten. So gab es keinen Meinungsaustausch weder zwischen Lehrer und Lernenden noch untereinander, es war eher die Ausnahme, dass ein Teilnehmender überhaupt zu Wort kam. Lediglich in den Pausen konnte ich mich auf Arabisch mit den Studenten austauschen, die weder Deutsch, Englisch, Französisch oder Spanisch sprachen, aber eben leider auch nicht perfekt Arabisch. Ende Mai waren die Abschlussprüfungen angesetzt. Es wurden schriftliche Leistungsüberprüfungen in den Bereichen: Aufsatz, Grammatik und Diktat durchgeführt. Darüber hinaus gab es noch mündliche Prüfungen.

Manche Vorfälle, die sich ereigneten waren schlicht unglaublich. Während des Unterrichts wurden Studentinnen, vornehmlich aus westlichen Ländern zum Direktor bestellt, der sie im Auftrag des Verteidigungsministers einlud. Das hatte sich natürlich unter den Studentinnen längst herumgesprochen und es wurde davor gewarnt, sich auf solche Einladungen einzulassen. Die islamisch geprägte Sozialstruktur Syriens verbot den Kontakt zu einheimischen Frauen außerhalb der Familien, daher wollte sich der Verteidigungsminister wohl die offenere Haltung der aufgeschlosseneren Studentinnen zu Nutze machen. Die hierarchischen Verhältnisse in der Militärdiktatur ließen ihn wohl glauben, dass seinen Befehlen Folge geleistet würde. Auch ich erlebte im Unterricht, dass Frauen zum Direktor gerufen wurden. An mir ging dieser Kelch glücklicherweise vorüber, denn ich bin mir sicher, dass aufgrund des ausgeklügelten Spitzelsystems (bei der Anmeldung hatte ich weder zum Familienstatus noch zur Anzahl der Kinder Angaben machen müssen) bekannt war, dass ich nicht allein nach Syrien gekommen war.

Unterfangen Aufenthaltsgenehmigung

Inzwischen hatte ich eine Aufenthaltserlaubnis für eineinhalb Monate erhalten. Als Stipendiat musste ich mit meinem Pass, eine beglaubigte Einschreibebestätigung des Institutes, einige Formulare, fünf Passbilder und eine Gebührenmarke bei den Behörden abgeben. Vor der Immigrationsbehörde standen Fotographen mit Plattenkameras auf Holzstativen, die die vielen verlangten Fotos anfertigten.

Meinen Pass konnte ich nach ein paar Tagen wieder abholen. In ihm heftete ein Zettel, dass ich eine Aufenthaltsgenehmigung beantragt hatte. Bis ich meinen provisorischen Personalausweis erhielt, vergingen drei Monate.

Bert und Marco hatten nach wie vor nur ein Touristenvisum. Bei der Einreise als Tourist, egal mit welchem Visum, erhielt jede Person einen Vermerk im Pass, sich nach zwei Wochen in Syrien bei der Polizei zu melden. Danach gab es die Möglichkeit den Aufenthalt alle zwei Wochen bis zu drei Monaten maximal zu verlängern oder eine Aufenthaltsgenehmigung zu beantragen. Da wir ein Jahr in Syrien bleiben wollten, beantragten wir für Bert und Marco eine Aufenthaltsgenehmigung. Wir sprachen bei der Immigrationsbehörde vor, füllten Anträge aus, ließen Fotos machen und gaben die vollständigen Unterlagen ab. Tatsächlich dachten wir, jetzt bräuchten wir nur noch abzuwarten. Weit gefehlt! Bert war mitgekommen, um sich während meiner Abwesenheit um unseren gemeinsamen Sohn Marco zu kümmern. Dies war für die syrischen Beamten offensichtlich unvorstellbar. Ein Mann arbeitet und versorgt die Familie. Ein Familienvater konnte problemlos Frau und Kinder mitbringen, umgekehrt ging dies scheinbar nicht, jedenfalls nicht nach syrischer Vorstellung. Der zuständige Beamte fragte Bert immer wieder: „Was machst du hier?". Was nun? Die einzige Möglichkeit schien, dass Bert eine Beschäftigung nachwies oder er sich bei einem Sprachlerninstitut anmeldete, sonst konnte er keine Aufenthaltserlaubnis erhalten. Wir setzten alle Hebel in Bewegung. Mercedes hatte in Damaskus eine Werkstatt mit deutschen Mechanikern. Bei einer Besprechung sollte überlegt werden, ob man Bert anstellen könnte. Ein syrischer Ingenieur, der mit einer Ostdeutschen verheiratet war, wollte sich für uns beim Goetheinstitut einsetzen. Wir trafen immer wieder freundliche, hilfsbereite Menschen und gaben die Hoffnung nicht auf. Aber, eine Arbeit zu finden, stellte sich als fast unmöglich heraus, ein Scheinstudium am Institut war auch keine Lösung, denn bereits nach vier aufeinanderfolgenden Fehltagen, musste man die Schule verlassen und die Behörden wurden informiert. Es schien aussichtslos, aber ich konnte mir einfach nicht vorstellen, dass es unmöglich sein sollte. Schließlich trafen wir dann zufällig bei einer deutschen Studentin einen Syrer, der den Immigrationschef persönlich kannte. Er erzählte seinem Bekannten, dem Behördenchef unsere Geschichte und verschaffte uns einen Termin bei ihm. Also gingen wir ein weiteres Mal zur Einwanderungsbehörde und stellten uns bei dem Immigrationschef vor. Er war sehr freundlich, hatte aber wenig Zeit. Trotzdem veranlasste er den zuständigen Beamten, uns die ersehnte Aufenthaltsgenehmigung zu erteilen. Als wir zum Abholen der Papiere in sein Büro kamen, warf er uns doch tatsächlich Berts Pass vor die Füße. Wir waren überglücklich, endlich das Thema Aufenthaltsgenehmigung abhaken zu können. Wege wie diese gab es in Syrien viele und es lohnte sich meistens einen langen Atem zu haben. Wir trauten uns jedoch nie Bestechungsgelder anzubieten, denn das war in Syrien so eine Sache. Man konnte auch an den Falschen geraten und dadurch ganz schnell im Gefängnis landen.

Ein Wochenende im Hauran

Im Christenviertel Bab Touma, dort wo unsere erste Wohnung war, hatten wir ein sehr nettes Ehepaar mit drei Kindern kennengelernt. Wir hatten uns mit ihnen angefreundet und besuchten sie häufig. Miriam kochte immer wunderbare syrische Mahlzeiten und Na´im half uns bei vielen Fragen und Problemen, z. B. auch bei der komplizierten Autoangelegenheit. Er war Fahrer beim Militär. Die Familie lud uns in ihr Heimatdorf im Hauran ein. Donnerstags nach der Schule brachen wir auf, denn freitags war frei. Aus konfessionellen Gründen war samstags Unterricht und wir mussten dann wieder zurück in Damaskus sein. Diese Regelung war getroffen worden, um sowohl den Muslimen als auch den Christen gerecht zu werden. So gab es allerdings kein freies Wochenende, sondern nur einzelne freie Tage. Das Dorf von Na´im und seiner Familie lag ungefähr 60 km südlich von Damaskus. Endlich kamen wir einmal raus aus der Stadt mit ihrer schlechten Luft. Na´im fuhr mit uns im VW-Bus. Wir hatten den Grund nicht so ganz verstanden, aber als wir mitten in der Landschaft an einem Schlagbaum halten mussten, war uns alles klar. Das Heimatdorf unserer Freunde lag in einem militärischen Sperrgebiet und Passierscheine mussten vorgezeigt werden. Na´im regelte alles und wir konnten unsere Fahrt fortsetzen. Bald kamen wir im Dorf seiner Familie an. Der Ḥauran ist eine karge durch vulkanische Aktivität geprägte Landschaft. Man sieht Hügel mit Geröllfeldern aus schwarzen Basaltbrocken, vereinzelte Vulkankuppen und in der zentralen Ebene ausgedehnte Felder für den Weizenanbau. Allerdings war es November und die Felder lagen brach, denn die Ernte war längst vorbei. Zudem war es bewölkt und auch recht kühl. Im Dorf angekommen zeigte uns die Familie stolz ihr relativ neues Haus, das aus drei Zimmern bestand. Sicherlich war es mit Hilfe Nai´ms kargen Verdiensts beim Militär errichtet worden. Wir wurden überschwänglich begrüßt und herzlich willkommen geheißen. Die Offenheit und Gastfreundschaft war immer wieder großartig.

Unser Besuch war offensichtlich ein besonderes Ereignis, so dass uns zu Ehren ein Schaf geschlachtet wurde. Im Hof wurde dem Tier der Kopf abgetrennt, dann wurde es verkehrt herum am Stall aufgehängt, damit das Blut herausfließen konnte. Anschließend wurde ihm das

Fell abgezogen. Danach zerlegten es die Frauen der Familie in der Küche und bereiteten es zu. In einem riesigen Feuertopf wurde Fett mit zwei Gasflaschen erhitzt, das Fleisch und viele weitere Zutaten wurden hineingegeben. Für die Soße wurden weiße „Steine" in dem Fett aufgelöst. Diese Steine zogen meine besondere Aufmerksamkeit auf sich und wie ich durch Nachfragen herausfand, handelte es sich um Joghurt. Diesen hatte man zu Kugeln geformt und getrocknet, damit er länger haltbar war. Später aßen wir alle zusammen. Es waren ca. 15 Menschen zusammengekommen und alle genossen das leckere Essen. Leider waren die Hoden eine kulinarische Besonderheit, aber glücklicherweise den Männern vorbehalten und so ging der Kelch an mir vorüber, diese „Köstlichkeit" verspeisen zu müssen. Sogar Marco aß mit großem Appetit etwas Fleisch, denn er hatte viel Spaß mit den zahlreichen Kindern und bekam vor lauter Begeisterung rote Backen. Die frische Luft und die ländliche Umgebung schienen ihm weit besser zu bekommen, als die Umweltbedingungen in Damaskus. Für die Nacht bekamen wir eines der drei Zimmer für uns allein. Am nächsten Tag saßen wir wieder alle zusammen und aßen gemeinsam, denn Familienzusammenhalt und miteinander zu essen war eines der wenigen Vergnügen in Syrien. Bedauerlicherweise mussten wir danach wieder aufbrechen, um rechtzeitig zum Unterricht in Damaskus zurück zu sein.

Mysterium „Autobleiberecht"

Schon beim Grenzübertritt Türkei Syrien ahnten wir, dass es wahrscheinlich Schwierigkeiten mit dem Auto geben würde. Zwei Monate vor unserer Abreise hatte ich ja an die deutsche Botschaft in Damaskus geschrieben und um Einreise- und Aufenthaltsinformationen für unser Auto gebeten. Einen Tag vor unserer Abreise (unser geplantes Abreisedatum hatte ich in dem Schreiben mitgeteilt) hatten wir die Antwort erhalten, die besagte, dass Grenzbestimmungen nicht fixiert und sehr zeitraubend sein könnten, der Bus prinzipiell bis zu 90 Tagen in Syrien bleiben könne, aber eine Genehmigung für 90 Tage abhängig von meiner Überredungskunst und der Laune des einzelnen Grenzbeamten sei. Abgesehen davon, dass wir einen Tag vor der Abreise nichts mehr hatten ändern können, war mir die Aussage zum Thema Verhandlungsgeschick nachts im Dunkeln an der Grenze nicht mehr präsent. Priorität zum Zeitpunkt des Grenzübertritts hatte für uns, die Einreise überhaupt zu bewerkstelligen. Meine Erfahrung war, dass man sich auf Einreisesituationen nicht vorbereiten konnte, außer die notwendigen Papiere dabei zu haben. Es gab immer Überraschungen positive wie negative. Meistens sind diese Situationen recht verwirrend, erst recht, wenn es keine gemeinsame Sprache gibt, mit der man sich verständigen kann. Wichtig ist, dass man sich bemüht, alles richtig zu machen und den Anweisungen Folge leistet. Wir mussten für den VW-Bus extra Autopapiere anfertigen lassen und eine Versicherung abschließen. Danach bekam der Bus so etwas wie eine „Aufenthaltsgenehmigung" für einen Monat und wir konnten weiterfahren.

Als wir dann in Damaskus ankamen und uns bei der Botschaft meldeten, um die endgültige Stipendienzusage in Empfang zu nehmen, teilte man uns mit, das Auto könne nur einen Monat in Syrien bleiben. Nur sehr wenige Ausländer waren überhaupt berechtigt in Syrien ein Auto zu fahren. Dieses Recht war z. B. Diplomaten und Firmenangehörigen ausländischer Unternehmen vorbehalten, deren Autos wurden dann mit gelben Nummernschildern versehen. Im schlimmsten Fall könne man das Auto auch beschlagnahmen, hieß es weiterhin. Diese Informationen waren nun wieder andere als die aus dem Botschaftsschreiben und setzten uns arg unter Druck. Irgendwie hatte ich bis dahin gedacht, wir würden die 90 Tage schon auf irgendeine Weise bekommen. Ich war sehr unglücklich darüber, denn wir wollten Syrien ja auch bereisen. Daneben verfügten wir über die Information unseres Gastgebers in Latakia, der uns gesagt hatte, dass es mit einem Tripticket keine Probleme gäbe. Zuvor hatte ich auch schon einmal von solch einem Papier gehört, aber unter dem Namen „Carnet". Diese Möglichkeit wollte ich weiterverfolgen, denn das Auto war auf mich angemeldet und stand in meinem Pass. Doch ich hatte keine Zeit mal eben nach Jordanien aus- und wieder einzureisen, um die Papiere zu verlängern. Eine Ausreise in den nahe gelegenen Libanon war mit einem Auto zwar möglich, aber nicht die Wiedereinreise. Ein weiterer Vorschlag war, den Bus in den Libanon zu verkaufen. Dies kam aber nicht in Frage, weil der finanzielle Verlust sicherlich zu groß gewesen wäre. Außerdem hatte uns die Türkei so gut gefallen, dass wir auf dem Rückweg weitere Orte des Landes besuchen wollten. Mittlerweile hatten wir ja schon ein paar Erfahrungen gesammelt, wie manche Angelegenheiten in Syrien geregelt wurden. Wir fragten wiederum alle möglichen Leute, indem wir von unserem Autoproblem erzählten. Es stellte sich heraus, dass wir schon jemanden kannten, der seinerseits den Verantwortlichen für ausländische Autos kannte. Na´im, unser Freund kam gleich mit zum Zoll und so dauerte das ganze Prozedere mit Gesuch und Stempeln nur eine halbe Stunde. Wir erhielten erstmal eine Genehmigung den VW-Bus einen weiteren Monat in Syrien zu behalten. Wären wir allein gewesen, hätten uns die zuständigen Beamten sicherlich wieder hin und her geschickt oder noch einmal kommen lassen.

Das verschaffte uns eine Verschnaufpause und Zeit über meine Eltern ein Tripticket in Deutschland anfertigen zu lassen, die es dann nach Syrien schicken sollten. Ein Tripticket (Carnet de Passage) war für eine Gebühr von 200,- DM und eine Bürgschaft von 20.000,- DM beim AVD in Frankfurt erhältlich. Dankenswerterweise schickte mein Vater eines. Normalerweise war ein Tripticket ein Jahr gültig, in Syrien galt es aber nur 180 Tage. Meinem Vater hatte man in Deutschland sogar gesagt, dass ein Tripticket in Syrien überhaupt nicht akzeptiert würde. Wie es sich nun mit unserem Tripticket und den zwei Monaten zuvor verhielt, war nicht zu ermitteln. Eine tatsächlich gültige Auskunft war in Syrien sehr schwer zu bekommen. Jeder sagte etwas Anderes, keiner wusste etwas Genaues, das Gesetz war weit weg und wenn Jemand wollte, das das Gesetz nicht galt, hatte man sowieso keine Chance oder aber eben Glück. Wir wollten nichts unversucht lassen.

Zuversichtlich fuhren wir also mit unserem Tripticket zum Zoll in Damaskus, um die ersehnte Verlängerung zu erhalten. Unsere Enttäuschung war riesengroß, als wir dort vorsprachen und das Bleiberecht des Busses, trotz des vorgelegten und verlangten Papiers, nicht verlängert wurde. Das Tripticket bestand aus einem DIN A4 Heft, das mehrere dreigeteilte Seiten enthielt. Jede Seite war mit meinen Namen und den Angaben zu unserem Fahrzeug versehen. Ein Drittel der Seite wurde bei der Einreise an der Grenze herausgetrennt und mit Datum und Stempel versehen. Das zweite Drittel wurde bei der Ausreise an der Grenze gestempelt und datiert und herausgenommen, um zu belegen, dass das Auto nicht im Land verkauft worden war. Das letzte Drittel blieb immer im Heft, darauf wurden alle Ein- und Ausreisedaten vermerkt. Nur mit diesem Nachweis konnte die Bürgschaft für das Fahrzeug wieder erstattet werden. Wir entschieden uns zur türkischen Grenze zu fahren, damit wir dort das Einreisedrittel hinterlassen konnten. Ich beantragte die Ausreise und die Wiedereinreise für uns drei. Ja, man konnte nicht mal einfach so Syrien wieder verlassen, auch das musste genehmigt werden. Allerdings machte ich mir trotzdem Sorgen, ob wir wohl ohne Probleme wieder einreisen könnten. Doch dann wurde

Marco krank. Er hatte sehr hohes Fieber und wir entschieden uns in Damaskus zu bleiben. Eine andere Lösung musste her, daher fragten wir wiederum alle Freunde und Bekannten, in der Hoffnung, dass einer von ihnen hilfreiche Verbindungen herstellen konnte. Schließlich gab uns jemand die Adresse eines einflussreichen Mannes, den wir eines Donnerstags nach der Schule aufsuchten. Er bot an, mit dem obersten Chef des Zolls von ganz Syrien zu sprechen. Am Sonntag darauf konsultierte er den Zollchef und dieser schickte uns zur libanesischen Grenze, ungefähr 30 bis 40 km von Damaskus entfernt. Dort konnte ich allen Papierkram erledigen und musste, da wir ja inzwischen eine Woche zu spät waren, 250 syrische Lira Strafe zahlen. An der libanesischen Grenze wurde von den syrischen Grenzposten der Einreiseteil aus dem Trip Ticket herausgenommen und alle anderen Seiten abgestempelt. Wir taten praktisch so, als wären wir vom Libanon her eingereist. Bei der nächsten Ausreise aus Syrien würde der Teil für die Ausreise aus dem Trip-Ticket herausgetrennt. Auf dem Teil, der im Heft verbleibt würde dann vermerkt, wann wir mit Auto ausreisen. Die Grenzstation zwischen dem Libanon und Syrien war ziemlich groß und wurde von vielen Soldaten und Grenzpolizisten bewacht, aber es herrschte reger Verkehr. Mit einem deutschen Kennzeichen durfte man zwar in den Libanon einreisen, aber nicht wieder ausreisen. Das war uns bekannt, doch durch die Anweisung des Zollchefs brauchten wir ja Syrien nicht verlassen. Jetzt hatten wir erstmal wieder vier

Monate Ruhe. Das Trip Ticket lief am 18. März 1986 aus, die Autopapiere waren also vorerst in Ordnung und wir sollten keine Probleme haben für den Fall, dass uns die Polizei anhielt.

In den Winterferien des Instituts fuhren wir nach Jordanien und hatten keine Schwierigkeiten bei der Ausreise dorthin. Bei der Rückfahrt nach Damaskus verbrachten wir zwar drei Stunden an der Grenze, aber mit dem Trip-Ticket war alles in Ordnung.

Auf dem Weg nach Damaskus trafen wir Lena und Mandi, Richtung Jordanien fahrend. Wir hatten die beiden Münchner vor Weihnachten in Damaskus kennengelernt. Sie waren ebenfalls mit einem VW-Bus nach Syrien gefahren, denn Mandi war als Reiseführer bei einem syrischen Touristikunternehmen beschäftigt. Ihr Bus war orange und fiel uns daher sofort auf, es war ohnehin nicht viel Verkehr. Wir hielten an und waren sehr überrascht, Lena und Mandi waren nicht allein im Auto. Sie waren in Begleitung eines syrischen Zollbeamten, denn sie hatten einen Riesenärger bekommen, weil ihr Auto schon länger als ein halbes Jahr ohne die entsprechenden Papiere in Syrien war. Wir erfuhren, dass der amtliche Begleiter dafür sorgen würde, dass sie nach Jordanien ausreisten, ihren Bus dort irgendwo an der Grenze abstellten und ohne ihr Fahrzeug nach Damaskus zurückkehrten. Ich war so froh, dass ich die Autogeschichte nicht auf die leichte Schulter genommen hatte.

Wetterlage

Mitte November war das Wetter immer noch wunderbar, 20° bis 25° wie bei uns im Sommer, aber die Syrer sagten, dass dies nicht normal sei. Sonst würde es um diese Jahreszeit 16° sein und häufig regnen. Für uns war das ein Glück, denn wir standen im November ja wieder auf dem Campingplatz. Das hatte noch weitere Vorteile, denn wir waren den ganzen Tag draußen und damit nicht der verpesteten Luft Damaskus ausgesetzt.

Plötzlich schlug das Wetter um, in eine Art Herbst. Es blies ein eiskalter Wind und überhaupt war es lausig, obwohl die Sonne schien. Seit drei Tagen war ich nicht mehr in der Schule, denn eines Morgens ab 4 Uhr musste ich laufend zur Toilette, mich übergeben und gleichzeitig hatte ich wahnsinnigen Durchfall, so dass ich um 9 Uhr vor Schwäche nicht mehr selbständig zu den Sanitäranlagen gehen konnte. Wir fuhren dann zu einer Ärztin, einer Ostdeutschen, die mit einem Syrer verheiratet war, die wir mittlerweile kennen gelernt hatten. Sie verschrieb mir gute Mittel und meinte das Ganze käme von der Kälte. Ich hatte tatsächlich zwei Nächte zuvor sehr gefroren. Wegen der durchdringenden Kälte schlief Bert schon länger im Schlafsack. Es wurde immer kälter. Wir hatten den Winter, der hauptsächlich die Monate Dezember und Januar umfasst, in Syrien völlig unterschätzt und viel zu wenig Winterkleidung mitgenommen. Glücklicherweise fanden wir Anfang Dezember wieder eine Wohnung mit Ofen, so dass wir dem Wetter nicht mehr so ausgesetzt waren. Anfang Februar änderte sich plötzlich das Wetter, es trat eine Art Frühling ein. Nachts war es nicht mehr so durchdringend kalt und tagsüber schon so, wie in Deutschland im Frühling. Auch über Regen konnte man sich nicht aufregen, denn es regnete höchstens zweimal im Monat, meistens war der Himmel blau. Ende Februar setzten bereits sommerliche Temperaturen ein und das Wetter war wunderbar. Im April war es manchmal durchwachsen, so dass es nicht allzu heiß war. Ab Mai wurde es dann richtig heiß, so dass wir eine Vorahnung hinsichtlich des Sommers bekamen.

Bert gefiel es nicht in Syrien. Er lag mir ständig in den Ohren, dass wir nach Hause fahren sollten. Ich versuchte ihm immer wieder zu erklären, wie wichtig es mir sei, diese Chance, die ich durch das Stipendium erhalten hatte, wahrzunehmen und zu erfüllen. Auch wollte ich nicht gleich bei der kleinsten Schwierigkeit aufgeben. Ich hoffte die meiste Zeit, dass sich nach den Anfangsschwierigkeiten alles bessern würde und wir eine gewisse Routine im Alltag entwickeln könnten. Auch die Möglichkeit, dass er und Marco abreisten und ich Marcos Aufwachsen und Entwicklung nicht begleiten könnte, kam für mich nicht in Frage. Ich hatte gar nicht so viel Zeit zum Nachdenken, denn ich war mit Behördengängen, Schul- und Unibesuch, Besorgungen und Unterstützung im Haushalt ausgelastet. Meine Tage begannen morgens um sechs Uhr und endeten nicht vor 22 Uhr. Wir hatten auch immer wieder freundliche, hilfsbereite Menschen kennengelernt und uns inzwischen mit einigen angefreundet. Bei meinen vorherigen, zwei- bis dreimonatigen Aufenthalten in verschiedenen Ländern hatte ich die Erfahrung gemacht, dass man sich an vieles gewöhnen kann. Irgendwann ließen diese Gespräche darüber, ob wir wieder nach Hause fahren sollten, glücklicherweise nach. Bert arrangierte sich mit der Situation und die Zeit schritt voran, immerhin waren wir nun schon fünf Monate in Syrien. Vielleicht lag auch es daran, dass wir Lena und Mandi aus München kennengelernt hatten. Lena war Finnin und in einer ähnlichen Lage wie Bert, sie versorgte den Haushalt und hatte nicht einmal ein Kind, um das sie sich kümmern konnte. Sie war eine Frohnatur, beschäftigte sich zu Hause und wartete, dass Mandi, der als Reiseführer arbeitete von seinen Touren zurückkam. Lena und Bert freundeten sich an und unternahmen manchmal abends etwas zusammen, wenn ich zu Hause bei Marco sein konnte. Für Marco hatten wir eine Spielgruppe gefunden. Durch unsere häufigen Besuche bei der Deutschen Botschaft hatten wir engeren Kontakt zu einem deutschen Botschaftsangehörigen geknüpft, der uns häufig mit Rat und Tat zur Seite stand soweit es seine Befugnisse erlaubten. Er hatte einen Sohn in Marcos Alter und seine Frau hatte mit Ehefrauen von Botschaftsangehörigen anderer Nationen und deren Kindern eine Krabbelgruppe gegründet an der Marco und ich auch teilnehmen konnten. Für Marco war das eine wunderbare Möglichkeit mit anderen Kinder zusammen zu sein und zu spielen und ich freute mich, dass es ein bisschen wie zu Hause in unserer Spielgruppe war. Vertretungsweise war Bert einmal mit ihm dort gewesen, daraufhin bat er mich aber, nicht mehr hingehen zu müssen, denn er hatte sich als einziger Mann unter den Frauen fehl am Platz gefühlt. Die Angehörigen der Botschaften lebten teilweise wie in einer Blase. Sie hatten komfortable Wohnungen, Angestellte und verkehrten überwiegend in ihren Kreisen, so dass ich mich manchmal fragte, wie wohl ihr Kontakt zu der einheimischen Bevölkerung war. Allerdings mussten die meisten Botschaftsmitarbeiter auch alle drei Jahre den Posten wechseln, vielleicht war das auch ein Grund dafür, dass sie sich überwiegend in Diplomatenkreisen bewegten.

Kapitel 4 – Institutsferien

Richtung saudi-arabische Grenze durch Jordanien

Die Institutsferien begannen in der letzten Januarwoche und umfassten zwei Wochen. Ich wollte gerne Syrien erkunden, aber Bert war es zu kalt, daher entschlossen wir uns Richtung Jordanien zu fahren. In Akaba, am Roten Meer sollte es warm sein und angeblich konnte man dort sogar schwimmen. Ich wollte mir gerne Petra anschauen und wegen meiner Neurodermitis zum Toten Meer fahren. Das Visum für Jordanien bekamen wir innerhalb von vier Stunden. Dann musste nur noch die Aus- und Einreise beantragt werden. Als wir alles zusammen hatten, brachen wir auf. Unser erstes Ziel war Amman. Amman war ganz anders als Damaskus. Die Stimmung war nicht so gedrückt. Die Menschen schienen sich freier zu bewegen und sprachen uns immer wieder an. In den Läden der Suqs konnte man alles kaufen. Es gab sogar Nutella, nur waren die Preise sehr hoch. In den 1970er und 1980er Jahren war Amman zur führenden Handelsmetropole des Vorderen Orients aufgestiegen. Der kleine Ort im Tal hatte sich in das umliegende Hügelland ausgebreitet und seither zu einer Millionenstadt entwickelt. Durch den Zustrom palästinensischer Flüchtlinge war die Stadt seit 1948 sehr rasch gewachsen. Bei unserem Streifzug durch das Zentrum lernten wir eine palästinensische Familie kennen, die uns zu sich nach Hause einlud. Wieder einmal kamen wir in den Genuss der arabischen Gastfreundschaft. Obwohl wir völlig fremd waren, wurden wir behandelt, als würde man uns schon ewig kennen. Immer wieder konnten wir feststellen, dass das Reisen mit Kind anders verläuft, als würde man allein oder zu zweit unterwegs sein. Kinder können auf Reisen so eine Art Türöffner in die Herzen der Menschen sein, es ist viel einfacher Kontakte zu knüpfen. Gerade in muslimischen Ländern wird eine Frau als Mutter mehr respektiert als eine Frau ohne Kind. Diese Erfahrung machte ich später noch oft, wenn ich allein mit den Kindern reiste. Kein Mann belästigt eine Mutter.

Auch unsere palästinensische Gastfamilie hatte uns vorbehaltlos eingeladen. Ich liebte solche Begegnungen, denn ich konnte hautnah erleben, wie die Menschen lebten und beobachten, was ihnen wichtig war. Und natürlich ihr leckeres, in diesem Fall jordanisches Essen kosten. Es gab immer reichlich zu essen, als ob die Frauen jeden Tag mit Gästen rechneten. Der Familienvater interessierte sich sehr dafür, was uns denn wohl in diese Region der Welt verschlagen hatte und so kam das Gespräch auf Arabisch in Schwung. Die Familie hatte vier kleine Kinder und Marco freute sich wie immer über ein paar Spielkameraden. Die Nacht verbrachten wir im Garten, in dem wir mit unserem Bus stehen durften.

Am nächsten Tag brachen wir zum Toten Meer auf, mit dem Versprechen auf dem Rückweg nochmal vorbei zu schauen. Die abenteuerliche Straße führte in Serpentinen durch eine karge Landschaft hinab zum Meer. Die Wasseroberfläche des Salzsees liegt um 400 m unter dem Meeresspiegel und sinkt aufgrund fortschreitender

Austrocknung stetig weiter ab. Der Salzgehalt des Toten Meeres liegt im Durchschnitt bei rund 28 %. Gleichzeitig besitzen die Mineralien dieses Gewässers eine heilende Wirkung bei Hautkrankheiten. Dies war der Grund, dass ich unbedingt hierher wollte, denn ich litt seit vielen Jahren an Neurodermitis und wollte in Erfahrung bringen, ob das Wasser mir eine Linderung verschaffen könnte. Als wir in Ufernähe anhielten, war zunächst weit und breit niemand zu sehen. Wir gingen zum Ufer und ich stieg in die Fluten. Das Wasser war komisch, ein bisschen wie Öl und ich konnte nicht untergehen. Auch war es warm genug zum Schwimmen und ich ließ mich staunend umhertreiben. Marco und Bert schauten vom Ufer aus zu bis drei Beduinen mit Kamelen und Eseln auftauchten und ihre Aufmerksamkeit fesselten. Sie nahmen die Kamele in Augenschein und durften sich auch mal darauf setzen.

Im Anschluss an den Abstecher zum Toten Meer setzten wir unsere Fahrt Richtung Petra fort. Petra ist eine imposante Stadt, die vom Volk der Nabatäer vor über 2000 Jahren in den rosaroten Sandstein der Felsregion gemeißelt wurde. Die Nabatäeer waren ein Verbund antiker Nomadenstämme, die als Karawanenhändler die Handelsrouten nach Südarabien kontrollierten. Als wir ankamen, waren wir wiederum erstaunt, dass dort außer uns keine Touristen zu sehen waren. Wir betraten die Stadt durch die spektakuläre 1.200 Meter lange, teilweise sehr enge Schlucht, as-Siq (der Schacht) umgeben von bis zu 80 Meter hohen Felsen und näherten uns der antiken Metropole. Die rosaroten, in verschiedenen Abstufungen quergestreiften Sandsteinformationen überragten uns haushoch. Petra war 1985 in die Liste der UNESCO als Weltkulturerbe aufgenommen worden. Es war im Jahr 300 vor Christus gegründet worden.

Wir liefen über die Säulenstraße, die Hauptachse der Stadt an den zerfallenen ehemaligen Geschäften vorbei.

Ich stellte mir das bunte Treiben vor 2000 Jahren an diesem Knotenpunkt an der Weihrauchstraße vor.

Der Ort lag gut versteckt im Wadi Musa und bot einen sicheren Platz für die Rast der Reisenden. Kamelkarawanen mit ihren bunten Ladungen wie Seide aus China, Gewürze aus Indien, Perlen vom Roten Meer, Elfenbein aus Afrika, Weihrauchharz aus Arabien und Goldschmiedekunst aus Aleppo kamen einst durch die enge Schlucht in die Stadt. Die Reisenden luden die Handelswaren von ihren Tieren ab, versorgten sie, frischten ihre Lebensmittelvorräte auf und gönnten sich eine Auszeit oder verhandelten über Preise. Das bunte Völkergemisch nutzte den Markt zugleich als Warenlager und Handelsplatz für Im- und Exportwaren. Es gab Ställe für die Tiere, Läden für die Waren und Werkstätten. Neben Speisen und Handelswaren brachten die Reisenden in ihren farbigen Gewändern vielfältiger Stile auch Ideen sowie unterschiedliche Weltanschauungen mit und tauschten diese bei einer gemütlichen Tasse Tee aus. Wir betrachteten die höhergelegenen Fassaden und fotografierten den Tempel Khazne al-Firaun, der im griechischen Stil mit korinthischen Säulen in den Felsen gehauen war. Seine Höhe betrug 45 m und er war sowohl ein Mausoleum als auch eine Grab- und Kultstätte. Das römische Theater konnte seiner Zeit 5000 bis 10000 Besuchern Platz bieten und wurde 363 nach Christus von einem Erdbeben zerstört. In dieser kargen Gegend war Wasser Mangelware und die Nabatäer hatten ein ausgeklügeltes Bewässerungssystem geschaffen, das die Niederschläge in 200 Zisternen sammelte und durch in Fels gehauene Aquädukte und Terrakottaröhren zu den Verbrauchern geleitet wurde. Unter Trajan wurde Petra, das Königreich der Nabatäer als römische Provinz Arabia ins Römische Reich eingegliedert. Petra war atemberaubend schön und beeindruckte sogar Bert.

Nach der Besichtigung Petras fuhren wir weiter nach Akaba am Roten Meer. Akaba bedeutet steiler Anstieg. Die Wüstenautobahn war gut ausgebaut. Sie schlängelte sich abwechselnd durch sandfarbenes Gebirge und Geröllwüste. Unterwegs begegneten wir überwiegend riesigen Tanklastern, die über viele Kilometer versuchten sich gegenseitig zu überholen. Wir erreichten Akaba am Abend und versuchten die Camper zu finden, die uns erzählt hatten, dass sie hier überwintern wollten. Das einzige, das wir vorfanden, war ein riesiger Hafen mit Öltanks, Containern und Autos. Mittlerweile war es dunkel geworden und wir fuhren erfolglos den Strand entlang bis wir an der saudi-arabischen Grenze landeten. Enttäuscht und müde fuhren wir zurück in die Stadt, in der uns die Polizei einen Platz zuwies, an dem wir über Nacht mit dem Auto stehen durften. Morgens trafen wir dann auf die Camper, die wir gesucht hatten. Sie beschrieben uns einen Platz am Meer, an dem ein Franzose und ein Engländer stehen sollten. So fuhren wir erneut Richtung saudi-arabische Grenze. Außer Strand und Meer war weit und breit nichts zu sehen. Schließlich entdeckten wir zwei einsame, etwas größere umgebaute Autos. Wir hielten an und kamen schnell ins Gespräch. Mit unseren VW-Bus stellten wir uns zu ihnen, aßen zusammen und blieben ein paar Tage. Das Wetter wäre angenehm warm gewesen, hätte nicht ständig ein kalter Wind geweht. Man musste sich warm anziehen und ein Feuer machen. Trotzdem wollte ich das Wasser ausprobieren, denn es hatte 20/21° und war ganz angenehm, wenn ich vollständig untertauchte. Das Problem war nur, sobald ich aus dem Wasser auftauchte, erfasste mich der Wind und es war schrecklich kalt. Zum Überwintern war dieser Ort unserem Empfinden nach ungeeignet. Er lud überhaupt nicht zum Verweilen ein, durch den ständigen kühlen Wind war es eher ungemütlich. So traten wir denn auch bald den Rückweg nach Damaskus an. In Amman machten wir wieder Station bei der netten palästinensischen Familie und übernachteten noch zweimal in ihrem Garten. Danach machten wir noch einmal den Schlenker zum Toten Meer, um etwas von dem salzigen Wasser für meine Haut in Kanister zu füllen und mitzunehmen.

Kapitel 5 – Forschung und Landeserkundung

Universität Einschreibung

Nach den Ferien schrieb ich mich an der Universität von Damaskus ein, denn der Besuch der Universität war Bestandteil des Stipendienprogramm. Meine Arabischkenntnisse hatte ich hinsichtlich des Verstehens verbessern können, so dass ich mir zutraute an Vorlesungen teilzunehmen. Es gab zwei Möglichkeiten sich an der Universität einzuschreiben, als Gasthörer oder als ordentlicher Student. Die Einschreibung als Gasthörer dauerte ungefähr drei Wochen, die als ordentlicher Student ca. ein halbes Jahr. Dann wäre unsere Zeit in Syrien abgelaufen gewesen, also kam nur die Einschreibung als Gasthörer in Frage.

Die Immatrikulation an der Universität ähnelte einem absurden Theater. Zunächst musste ich ein Gesuch erstellen, in dem ich mich vorstellte und um Aufnahme an der Philosophischen Fakultät bat. Das Schriftstück musste sowohl alle persönlichen Daten enthalten als auch die Vorlesungen, welche man gedachte zu hören. Mit dem Schreiben fuhr ich anschließend zur philosophischen Fakultät im Stadtteil Mazze, denn nur dort konnte ich eine entsprechende Gebührenmarke erwerben sowie das Schriftstück vom Diwan abzeichnen und abstempeln lassen. Danach musste ich mich mit dem Gesuch nach Baramki begeben, einem anderen Stadtteil von Damaskus, in dem die Universität lag, um es dort vom Direktor genehmigen zu lassen. Bis ich das bewilligte Gesuch wieder abholen konnte, vergingen ein paar Tage. Aber es gab genug andere Papiere zu besorgen. Ich musste vier grüne Formularkarten und ein Anmeldeformular im Gebäude der Studentenvertretung abholen, zehn Passbilder machen lassen und eine ärztliche Untersuchung nachweisen. Weiterhin besorgte ich das geforderte Empfehlungsschreiben des Erziehungsministeriums. Im Grunde fuhr ich drei Wochen kreuz und quer durch Damaskus, um die erforderlichen Unterlagen zusammen zu tragen. Ich bat unzählige Beamte und Würdenträger um Stempel, Unterschriften und Gebührenmarken. Schließlich gab ich alle Unterlagen, sowohl im Original als auch in Kopie, natürlich wiederum mit Stempeln, Gebührenmarken und Unterschriften versehen, erneut in der philosophischen Fakultät in Mazze ab. Jetzt musste ich nur noch die wöchentliche Sitzung der Fakultät abwarten, in der entschieden wurde, ob ich Geschichtsvorlesungen hören durfte. Kaum zu glauben, aber irgendwann saß ich tatsächlich in einem Hörsaal und lauschte einer Geschichtsvorlesung.

Versorgung mit Gütern des täglichen Bedarfs

Die Versorgungslage in Syrien war gewöhnungsbedürftig und nahm viel Zeit in Anspruch. Teilweise waren die Verhältnisse ähnlich wie in der DDR. Butter, Tee, Kaffee,

Milchpulver, Reis, Zucker und auch Äpfel, Tomaten, Zitronen gab es nur ab und zu in staatlichen Läden. Mit den Bezugsscheinen waren die genannten Waren alle recht günstig. Zucker durfte man nur einmal in der Woche ein Kilo kaufen. Eines Tages gab es Tee. Anfangs hatte ich nicht verstanden, warum die Mutter von den fünf Kindern aus unserer ersten Wohnung mich fragte, ob ich ein halbes Kilo Tee kaufen wollte. Zunächst verneinte ich, denn ich hatte noch Tee, aber dann sah ich alle Leute in der Stadt mit einem Paket Tee unter dem Arm und vor einem Laden hatte sich eine Riesenschlange gebildet, da begriff ich erst und kaufte auch ein halbes Kilo. Es gab eben nicht immer Tee und wenn es welchen gab, dann musste man zuschlagen. Es gab auch europäische Supermärkte, die über diverse importierte Waren verfügten. Diese konnten dann zu deutschen Preisen oder zu noch höheren erworben werden. Glücklicherweise hatten wir anlässlich des Weihnachtsmarktes des Goetheinstituts eine Deutsche kennengelernt, die auf den Golanhöhen Milchwirtschaft betrieb und uns fortan mit Milch, Joghurt und Käse versorgte.

Als der Winter nahte wurde alles teurer. Inzwischen gab es keinen Kaffee mehr im Geschäft, nur noch ab und zu auf Bezugsschein, genauso wie Zucker, Salz und Tee. Die Lebensmittelsituation war zu dieser Jahreszeit recht einseitig, in den Geschäften gab es von Dezember bis April nur Wintergemüse (Weißkohl, Blumenkohl, Kartoffeln, Spinat, Karotten, grobe Petersilie und Porree). Das einzige Obst waren Orangen. Ab Februar verschlechterte sich die Situation immer mehr. Es gab noch weniger zu kaufen. Die Grenze zum Libanon war geschlossen, so dass auch der Schwarzmarkt nichts mehr zu bieten hatte. Es gab keine ausländische Butter, keine Bananen, keine ausländische Dosenkost und keinen Käse mehr. Wir hatten sogar Schwierigkeiten Apfelsinen zu bekommen, obwohl wir im Norden die Orangenplantagen gesehen hatten, gab es offensichtlich keine dieser Früchte für Einheimische. Apfelsinen waren das einzig frische Obst, das es außer den verunreinigten Salaten gab. In unserer Straße stand fast immer ein Händler mit einem Karren, der Orangen verkaufte, die er allerdings abdeckte je nach dem welcher Uniformierte in die Straße einbog.

Ebenso verschlechterte sich die Arzneimittelsituation, weil nun mehr Lebensmittel eingeführt werden mussten, wurden kaum Medikamente importiert. Nicht nur die Versorgung mit Bedarfsgütern aller Art verschärfte sich im Winter, auch die Versorgung mit Elektrizität wurde reduziert, statt für zwei Stunden, wurde der Strom nun für fünf Stunden während des Tages abgestellt.

Auch die Versorgung mit Geld wurde problematisch. Vor unserer Abreise hatte ich mich bei der Sparkasse erkundigt, weil ich mir das Stipendiengeld überweisen lassen wollte. Dort erklärte man mir, es sei kein Problem, ein Konto bei der Commercial Bank in Syrien einzurichten. Doch in Syrien musste ich feststellen, dass dies keine gute Idee war. Syrien brauchte Devisen. Deshalb war der Zwangsumtausch von 100,- Dollar oder 300,- DM bei der Einreise zu einem Touristenkurs 1,- DM zu

2,80 syrischen Lira Pflicht. Bei einer Auslandsüberweisung auf ein Konto erhielt man für 1,- DM nur noch 1,90 syrische Lira. Daher tauschten alle Ausländer privat zu einem Kurs zwischen 4,25 bis 7,00 syrische Lira für eine D-Mark. Gleich nach unserer Rückkehr aus Jordanien mussten wir feststellen, dass wir auf einmal nirgendwo mehr so einfach Geld tauschen konnten. Die Polizei hatte viele Geldwechsler verhaftet. Ziel dieser Aktion war den Devisenhandel, der am Staat vorbei ging, zu unterbinden. Nach Aussagen von Syrern gab es aber jedes Jahr eine solche Maßnahme von Seiten der Regierung zur Eindämmung des privaten Geldtauschens. Nach einiger Zeit entspannte sich die Situation dann wieder.

Landeserkundung

Crac des Chevaliers

Mitte Februar fuhren wir zum Crac des Chevaliers. 1986 war es zwar noch nicht UNESCO-Weltkulturerbe, aber die Größe und Ausstrahlung der Kreuzritterburg beeindruckte uns sofort. Von weither war das riesige Bauwerk sichtbar. Es thronte hoch oben über der Ebene. Seit dem 10. Jahrhundert existierte an dieser Stelle eine Festung, die zunächst von den Arabern angelegt wurde und dann von einem Johanniterorden erweitert wurde. Die Burg lag in einer bergigen Region, rund 50 Kilometer von der Stadt Homs entfernt auf einem etwa 650 Meter hohen Ausläufer eines parallel zur Mittelmeerküste verlaufenden Bergmassivs im Westen von Syrien. In engen Kurven wand sich die Strecke, die von der Hauptstraße abzweigte, hinauf. Der Fluss Orontes war nicht weit, ebenso der Libanon und die Mittelmeerküste.

Wir trafen auf einen einzelnen Wärter, als wir die Stufen der Reittreppe hinaufkletterten und waren die einzigen Besucher. Wir kraxelten auf den höchst gelegenen Punkt, um den Blick in der weiten Landschaft schweifen zu lassen. Wir umrundeten die Burg innerhalb des Zwingers und bestaunten die Ringmauer.

Im Burghof bewunderten wir die Fassade des Rittersaals. Nichts war befestigt oder durch Geländer und Gitter geschützt. Es war grandios. Der Frühling war ausgebrochen, es blühten viele Blumen und alles war schön grün. Sicherlich sorgte das Wasser, das von der Schneeschmelze die Abhänge hinunterfloss, für diesen wunderbaren Anblick.

Am Abend zuvor hatten wir bei einem Bekannten unterhalb der Burg übernachtet, es war zu spät für eine Besichtigung gewesen. Marco hatte Spaß mit den vielen Kindern im Dorf und wir wurden wieder einmal hervorragend bewirtet.

Auf dem Rückweg fuhren wir nach Hama, um die berühmten Wasserräder zu besichtigen. Die Norias von Hama sind eine Reihe von Wasserschöpfrädern am Orontes. Mit einem Durchmesser von bis zu 27 Metern sind sie die weltweit größten ihrer Art. Die Stimmung in Hama allerdings war gespenstig. Auch innerhalb des Autos hatte man den Eindruck, nicht erwünscht zu sein. Wir trauten uns kaum nach dem Weg zu fragen. Die Massaker von 1982 waren noch nicht lange her. Hama war die Hochburg der Muslimbrüder in Syrien, die sich bereits 1976 gegen die syrische Regierung aufgelehnt hatten. Die Mitglieder der Muslimbrüder hatten Hama zum Widerstandszentrum gegen die Regierung ausgebaut. Das führte dazu, dass die syrische Armee im Februar 1982 die Stadt bombardierte. Es kamen schätzungsweise 30.000 Menschen zu Tode und die historische Altstadt wurde verwüstet. International war über dieses Massaker wenig bekannt geworden und auch in Syrien war es lange Zeit ein Tabu über die Ereignisse zu sprechen. So kam es, dass wir völlig unbedarft und ahnungslos in die Stadt hineingefahren waren. Wir warfen einen Blick auf die Wasserräder und verschwanden wieder.

Palmyra

Ende Februar hatten wir endlich die Gelegenheit nach Palmyra zu fahren. Ich war sehr erstaunt, dass zu diesem berühmten Ort gerade einmal eine schmale, an den Rändern unbefestigte Asphaltstraße durch die karge Landschaft führte. Hinweisschilder waren an Weggabelungen kaum zu finden. Schließlich erreichten wir Tadmur, wie der Ort heute heißt. Da es schon dunkel war, suchten wir einen Platz, an dem wir übernachten konnten. In unserem VW-Bus war es nachts so kalt, dass wir das Aufstelldach einklappen mussten. Auf dem unteren Bett war es zu dritt zwar etwas eng, aber genau das Richtige gegen die Kälte. Am nächsten Tag machten wir uns auf, die Stadt zu entdecken. Inmitten der syrischen Wüste gab es zwei Quellen, mit denen die Palmengärten im Süden und Osten der Stadt bewässert wurden. Palmen soweit das Auge reichte, teilweise umgeben von Lehmziegelmauern mit vereinzelten Gehöften. Palmyra lag in früheren Zeiten an einer wichtigen Karawanenstraße in Syrien, auf halber Strecke von Damaskus bis zum Euphrat. Die Einwohner Palmyras waren damals berühmte Händler. Der Reichtum der Stadt ermöglichte die Errichtung von den heute noch zu besichtigenden, monumentalen Bauprojekten.

Im dritten Jahrhundert war die Stadt eine wohlhabende Metropole und zu einem regionalen Zentrum des Nahen Ostens aufgestiegen. Die Region war durch die Römer, Griechen und Perser beeinflusst worden und ihre Kultur war einzigartig. Die Einwohner verehrten lokale Gottheiten sowie mesopotamische und arabische Götter. Vorbei an den Palmengärten erreichten wir die antiken Bauwerke. Wiederum waren wir ganz allein auf weiter Flur. Niemand wollte Eintrittsgeld von uns und so durchstreiften wir das geschichtsträchtige Gelände und bestaunten den Baal-Tempel. Wir schlenderten durch das Hadrianstor die einen Kilometer lange Prachtstraße entlang.

Das schönste Tetrapylon, das die Römer je gebaut hatten, markierte die Kreuzung der zwei wichtigsten Straßen des Handelszentrums. Die sechzehn Säulen bestanden aus rosafarbenem Granit, der eigens dafür aus Assuan herbeigeschafft worden war. Wir bewunderten das perfekt erhaltene Theater mit seinen marmornen Zuschauerrängen. Außerhalb des Stadtgebietes konnten wir die einzigartigen Grabtürme betrachten. Sie waren zwischen 9 vor und 128 nach Christus entstanden, sie waren reich bemalt und spiegelten den Reichtum der palmyrenischen Bürger wieder. Zu guter Letzt erklommen wir den Berg zur Festung, die wahrscheinlich aus Zeit der Mamluken stammte. Von dort aus genossen wir einen fantastischen Überblick über Palmyra. Unsere zweite Nacht verbrachten wir an einer etwas geschützteren Stelle, damit wir nicht so frieren mussten. Nur gefiel das den wilden Hunden nicht und sie umkreisten uns die ganze Nacht und bellten permanent, so dass Bert mehrmals raus musste, um sie zu vertreiben. Am Morgen besuchten wir noch das Museum von Palmyra und machten uns dann auf den Weg Richtung De´ir ez-Zor, denn wir wollten noch ein Wüstenschloss besichtigen.

Vor den Toren Tadmurs war ein Viehmarkt. Die Männer trugen lange Gewänder, mit Jacketts darüber und rotweißer oder schwarzweißer Kufiya auf dem Kopf. Sie standen in Grüppchen zusammen und feilschten um den Preis der Tiere. Überall auf dem Platz wurden Schafe, mit schwarzen Köpfen und Lämmer zum Verkauf angeboten. Einige Händler hockten auf dem Boden, um sich auszuruhen, da sie ihr Tagwerk schon erledigt hatten. Im Hintergrund waren die Lehmziegelbauten mit ihren ummauerten Innenhöfen zu sehen, die ab und zu von ein paar Palmen überragt wurden. An der Weggabelung standen Pferdefuhrwerke beladen mit eisernen Tanks, die offensichtlich Erdöl enthielten, denn dicht neben ihnen standen Pritschenwagen, die hier die häufigsten Fahrzeuge waren, um zu tanken. Am Kreisverkehr, der offensichtlich mal ein Springbrunnen gewesen war, lagerten Familien mit Säcken und warteten auf eine Mitfahrgelegenheit. In der Ferne, auf der anderen Seite der Stadt thronte die Zitadelle bei blauem Himmel auf der Anhöhe über Palmyra.

Etwa 100 km vor Deiir ez-Zor sollte von der asphaltierten Straße eine Piste Richtung Wüstenschloss abzweigen. Als das Schild auftauchte, zeigte es einfach nur in die Wüste. Man konnte keine Abfahrt erkennen, nur einige Reifenspuren, die kreuz und quer über das flache Gelände führten. Die Badiya-Wüste erstreckt sich über zwei Drittel der Landesfläche Syriens und ist eine Trockensteppe. Als Badiya, Wüste, Steppe wird alles Land bezeichnet, das außerhalb befestigter Siedlungen liegt. Geringe Regenfälle in den Wintermonaten ermöglichen etwas halbnomadische Viehzucht mit Ziegen und Schafen.

Über der weiten Ebene mit überwiegend festgebackenem Sand strahlte der blaue Himmel. Eine gigantische weite, sandige Fläche mit vereinzeltem mickrigem, blattlosem Gestrüpp breitete sich rings um uns herum aus und übte eine unbeschreibliche Faszination auf uns aus. Die Weite, die Leere, die Stille. Es war unglaublich, aber man konnte die Stille hören!

In weiter Ferne konnten wir einige Beduinenzelte erspähen. Von einer Piste war weit und breit nichts zu sehen, lediglich frisch getrocknete Wadis waren sichtbar. Wir fuhren ein Stück in das ausgedehnte Nichts hinein, trauten uns dann aber doch nicht weiter. So hielten wir einfach in Sichtweite der Straße, die von Palmyra nach Deiir ez-Zor führte an, stiegen aus und liefen staunend umher. Marco hatte einen Riesenspaß, er konnte hin und herlaufen ohne dass ihn irgendetwas gehindert hätte. Die weite Leere eröffnete den Blick für die Schönheit der Umgebung.

Golan

Anfang März besuchten wir unsere Milch- und Käselieferantin, die ursprünglich aus München stammte, auf den Golanhöhen. Sie hatte dort einen Bauernhof mit Kühen und betrieb Milchwirtschaft. Um ihre Produkte wie Milch, Knoblauchkäse und Joghurt zu verkaufen, kam sie wöchentlich nach Damaskus und so hatten wir sie kennengelernt. Die Golanhöhen sind ein basaltisches Hochplateau vulkanischen Ursprungs und liegen zwischen dem See Genezareth und der syrischen Hauptstadt Damaskus. Die Gegend war dünn besiedelt, es gab kaum Verkehr, daher war die Luft frisch und klar. Das Land wurde landwirtschaftlich genutzt, große Flächen dienten als Weideland für Rinder und Schafe, die für die Milch- und Fleischproduktion genutzt wurden. Daneben wurde etwas Wein angebaut. Die Landschaft gefiel uns außerordentlich. In Damaskus war es oft schon sehr heiß während des Tages und dadurch stickig und staubig.

Im Sechs-Tage-Krieg 1967 besetzte Israel den größten Teil der Golanhöhen von Syrien. Vor der israelischen Besatzung lebten fast 130.000 Syrer in dieser Region; zwei Monate später waren es weniger als 7000. Beide Länder schlossen zwar 1974 einen Waffenstillstand, aber nur wenige Bewohner kehrten zurück. Seitdem wird eine schmale Pufferzone von UN-Friedenstruppen (UNDOF) überwacht. 1981 annektierte Israel das Gebiet, jedoch wurde die Annexion von den meisten Staaten nicht anerkannt. International werden die Golanhöhen weiterhin als Teil Syriens gesehen. Syrien beansprucht das Gebiet nach wie vor komplett und zählt es zu seinem

Gouvernement al-Quneitra. Unter diesen Umständen war es doch sehr verwunderlich, dass wir einfach so dorthin fahren konnten.

Aleppo und das Simeon Kloster

Anfang März fuhren wir nach Aleppo in den Norden Syriens. Dieser Teil des Landes schien recht fruchtbar zu sein. Wir fuhren an Äckern mit dunkelroter Erde vorbei, dazwischen lagen grüne Felder mit Weizen. In einzelnen Orten sahen wir Kuppelhäuser (oder Bienenkorbhäuser), die es in dieser Gegend seit der Antike gab. Diese Bauweise war in der syrischen Dorflandschaft verbreitet. Es handelte sich um kegelförmige oder gewölbte Räume, die aus luftgetrockneten Ziegeln bestanden, welche aus Heu und Lehm hergestellt wurden.

Aleppo, ist seit der Antike ein bedeutender Knotenpunkt zweier Fernhandelsstraßen und eine der ältesten, ununterbrochen besiedelten Städte der Welt. Schon immer trafen sich in Aleppo Menschen aus aller Herren Länder. Die Altstadt Aleppos wurde 1986 von der UNESCO zum Weltkulturerbe erklärt. 2006 erhielt Aleppo die Bezeichnung "Kulturhauptstadt des Islam".

Der Basar war das weltgrößte überdachte alte Marktviertel. Das Gewirr aus zahllosen Einkaufsstraßen war 12 km lang. Schon nach kurzer Zeit verloren wir die Orientierung und ließen uns einfach treiben. Überall roch es nach Gewürzen, Kaffee und Kräutern. Kunsthandwerk, edel verzierte Holzschatullen, Wasserpfeifen, Messing- und Kupferarbeiten wurden von den Händlern lautstark angepriesen. Lebensmittel wie rohes Fleisch, Obst und Gemüse wurden neben Stoffen, Büchern und Schuhen angeboten. Wir waren auf der Suche nach der berühmten handgeschöpften Aleppo-Seife aus Olivenöl und erwarben große Blöcke davon, ebenso kauften wir traditionell eingefärbte schwarze Seidentücher. Hier in Aleppo gab es die orientalische Zauberwelt, die ich bisher vermisst hatte. Während des syrischen Bürgerkrieges kam es im Juli 2012 in Aleppo zu heftigen Kämpfen, Raketenwerfer, Panzer, Hubschrauber und Kampfflugzeuge wurden eingesetzt. Der historische Basar wurde in der Nacht vom 28. auf den 29. September durch ein Großfeuer größtenteils zerstört.

In dem Jahr unseres Aufenthaltes in Syrien wurde die Zitadelle Teil des UNESCO-Welterbes und wir stiegen natürlich den 50 m hohen Hügel hinauf um sie zu besichtigen. Sie stammte aus dem 13. Jahrhundert und wurde als eine der ältesten und größten Festungen der Welt beschrieben. Wir gingen über die enorme steinerne Brücke und gelangten in einem imposanten Eingangskomplex. Auf dem riesigen Gelände befanden sich auch ein ayyubidischer Palast, ein mittelalterliches Hamam und zwei Moscheen. Während des Bürgerkrieges wurde der Eingangsbereich der Zitadelle bereits 2012 beschädigt und 2015 kamen durch eine Explosion weitere Teile zu Fall.

Das beeindruckende **Simeon Kloster** liegt 35 Kilometer von Aleppo entfernt in den Bergen. Es gilt als das bedeutendste christliche Bauwerk Syriens. Dieses frühbyzantinische Kloster war einst eine weithin bekannte Pilgerstätte. Es wurde zu Ehren des ersten christlichen Säulenheiligen, der dort um 450 gelebt hatte, errichtet. Symeon Stylites der Ältere war der erste Säulenheilige und lebte nach drei asketischen Prinzipien: dem dauerhaften Verweilen an einem Ort, dem Unbehaustsein und dem Stehen. Im Klostergarten blühten die Obstbäume, kleine rote Anemonen, Iris und Perlhyazinthen, die wir auch zu Hause in Deutschland im Garten haben. Das Wetter war schön und die Luft frisch, so dass wir uns alles in Ruhe anschauen konnten. Das Wallfahrtszentrum war riesig, die Ost-/West- Ausdehnung betrug 100 und die Nord-Süd-Ausdehnung 88 Meter. Die Hauptkirche umfasste 4800 Quadratmeter und war bis zur Errichtung der Hagia

Sophia in Konstantinopel im Jahre 537 n. Chr. der größte Sakralbau der christlichen Welt. Das Oktogon, das um die Symeon Säule herum gebaut war, hatte einen Durchmesser von 28 Metern. Für Marco waren allerdings die Kinder, die sich zu uns gesellten wesentlich interessanter, denn mit ihnen konnte er seinen neuen Ball ausprobieren.

Gesundheitsversorgung

Alle Informationsquellen, die uns zur Verfügung standen, besagten, dass „Syrien in medizinischer Hinsicht gut durchorganisiert" sei. Das war insofern richtig, als dass es genügend Ärzte und Krankenhäuser gab, allerdings sagte dies nichts über die Qualität der medizinischen Behandlungen aus. Im Sprachinstitut hatte ich ein Mädchen aus dem Libanon kennen gelernt. Sie besuchte das Arabic-Teaching-Institute, um lesen und schreiben zu lernen. Aufgrund des Bürgerkriegs im Libanon war sie nie zur Schule gegangen. Eines Tages kam sie zu uns zu Besuch und zeigte uns ihren Hautausschlag. Sie war schon zweimal im Krankenhaus vorstellig geworden, aber man hatte ihr nicht sagen können, was ihr fehlte. Britta und ich zogen mein Gesundheitsbuch zu Rate und nahmen - aufgrund der Begleiterscheinungen; Lymphknotenschwellung, Gelenkschmerzen, leichten Schnupfens und leichtes Fieber - an, dass sie Röteln hatte. Wir waren einigermaßen entsetzt, dass man bei Suad im

Krankenhaus nichts Genaueres hatte diagnostizieren können.

Für die Ärzte war es z. B. normal, dass 90% der Syrer mit Parasiten wie Amöben, Spul- und Peitschenwürmern u.v.a.m. durchseucht waren. Diese Parasiten waren auf Dauer durchaus nicht ungefährlich, wie ich nachlesen konnte. Als mir ein Arzt riet, Salat und alles was ungekocht gegessen werden sollte, vorher in Miltonbad (Das wurde früher benutzt um Babyflaschen zu sterilisieren) zu legen, hielt ich das zunächst für sehr übertrieben. Ich wurde jedoch selbst zum Wirt dieser Parasiten, die sich so leicht nicht vertreiben ließen und für Magenprobleme und Durchfälle sorgten. Angeblich sollte Joghurt mit Knoblauch, morgens auf nüchternen Magen helfen, Amöben zu verscheuchen. Ich ließ nichts unversucht.

Viele Schüler und Schülerinnen des Instituts hatten Amöben oder Würmer und fühlten sich entsprechend unwohl. Zwei Studenten waren an Paratyphus erkrankt und im Jahr zuvor gab es so viele Cholerafälle in Damaskus, dass Restaurants keinen Salat mehr servierten. Das Problem war hausgemacht, denn die Bauern düngten kleine Felder mit allen vorhandenen Fäkalien. Wie in jedem fremden Land hatte ich mit Begeisterung alle Gerichte probiert, die uns angeboten wurden. Insbesondere liebte ich Tabouli, den typisch syrischen Petersiliensalat. Er bestand aus der groben Petersilie und wurde mit Knoblauch, Tomaten und Öl verfeinert. Davon hatte ich anfangs immer wieder recht viel gegessen. Erst später stellte ich die Zusammenhänge her und verzichtete auf Salate jeder Art und aß bei Einladungen nur noch Gekochtes.

Bei allen übrigen Krankheiten wurde sofort ein Breitbandantibiotikum verordnet, weil kein Arzt sich die Mühe machte, Näheres herauszufinden. Für Marco erhielten wir dreimal ein Antibiotikum auf dessen Beipackzettel stand, für Kinder unter zwei Jahren ungeeignet. Von der Deutschen Botschaft hatten wir eine Liste von Ärzten bekommen, die Englisch oder Französisch sprachen, aber es gab auch Ärzte, die in Deutschland oder der DDR studiert hatten und daher gut Deutsch sprachen oder deutsche Ärztinnen, die mit Syrern verheiratet waren. Diese Ärzte baten wir immer wieder darum geeignetere Mittel zu verschreiben, was diese auch taten. Fraglich war allerdings, ob diese Medikamente in den Apotheken erhältlich waren. Es hing von der Geschicklichkeit des Apothekers ab, welche Quellen er nutzte, um ein gutes oder schlechtes Angebot in seiner Apotheke anbieten zu können.

Blut-, Stuhl- oder Urinproben mussten eigenhändig ins Labor gebracht werden. Ärzten war es nicht erlaubt solche Untersuchungen durchzuführen. Bei der Wahl des Labors war es wichtig, darauf zu achten, dass die Angestellten gewissenhaft waren und über geeignete Gerätschaften verfügten.

Ende September wurde Bert als erster krank. Es ging ihm von Minute zu Minute schlechter bis er um 11 Uhr vormittags 40° Fieber hatte und wir einen Arzt aufsuchten. Der Arzt verschrieb Penicillin und Schmerztabletten.

Anschließend lag Bert den ganzen Tag im Bett und ich machte ihm fiebersenkende Wadenwickel. Am nächsten Tag ging es ihm erfreulicherweise wieder besser und er hatte kein Fieber mehr.

Im Oktober gab es einen Wettereinbruch und es wehte ständig ein kühler Wind. Marco trug zwar schon länger wärmere Sachen, aber er wurde trotzdem krank. Er hatte Husten, Fieber und Schnupfen, war sehr wehleidig und wollte ständig auf meinen Arm. Dann bekam er auf einmal sehr hohes Fieber und hatte fünf Tage eine Körpertemperatur von über 40° Grad. Ich bekam es mit der Angst zu tun und machte mir große Vorwürfe, denn wir schleppten ihn stets mit, so kam er gar nicht zur Ruhe und wurde immer kränker. Vielleicht wäre er nicht so krank geworden, wenn wir nicht so viel hätten unterwegs sein müssen. Der Arzt verschrieb ein Antibiotikum, das nicht für Kinder unter zwei Jahren geeignet war und wir waren vor die Entscheidung gestellt, ein ungeeignetes Mittel zu verabreichen oder eine Behandlung ohne Medikament zu wagen. Ich hatte aus Deutschland ein Buch „Kinderkrankheiten natürlich behandeln" mitgebracht, das ich nun zu Rate zog. Wadenwickel, Quarkbrustwickel, natürliche Hustentropfen und Einläufe mit Kamillentee sollten helfen, ebenso die empfohlene Ruhe, Wärme und seelische Zuwendung. Nachdem wir konsequent mit Marco im Zimmer blieben und ich mein bisschen Geduld zusammengesucht hatte, ging es ihm besser, aber er war ganz dünn geworden. Auch das Kind einer Kommilitonin, das etwas älter war als Marco, war ständig krank. Es hatte immer Durchfall und seine Haut zeigte schon Veränderungen, die wohl aufgrund des Vitaminmangels entstanden waren. Ich war nun sehr besorgt wegen des bevorstehenden Winters, denn es sollte dann kaum frische Lebensmittel geben.

Einen Monat später hatte Marco erneut hohes Fieber und wir fuhren zu der ostdeutsche Ärztin, die wir inzwischen kennen gelernt hatten und die feststellte, dass Marco nun eine eitrige Mandelentzündung hatte. Sie verschrieb Penicillin. Doch in den Apotheken gab es wieder nur Amoxil Forte „für Kinder unter zwei Jahren nicht geeignet".

Es fiel schwer, manchen Ärzten zu vertrauen. Obwohl es genug Ärzte gab, waren einige doch recht schlampig und die Arztpraxen waren schlecht ausgestattet und unsauber. Für uns war es ungewohnt, direkt nach der Behandlung zu bezahlen. Bisweilen entstand der Eindruck, dass das Geld die größere Rolle spielte, denn viele Ärzte lebten in ähnlich bescheidenen Verhältnissen, wie alle anderen auch.

In einem Park, in dem ich öfters spazieren ging, hatte ich ein schwedisches Ehepaar getroffen, mit ihrem noch nicht ganz zwölf Monate alten Sohn, der schon laufen konnte. Das Ehepaar erzählte uns von einer guten Kinderärztin, deren Mutter Schwedin war und die in Deutschland studiert hatte. Als Marco im Januar erneut eine Mandelentzündung hatte fuhren wir dieses Mal zu der empfohlenen Ärztin. Sie verschrieb ebenfalls ein Antibiotikum, angeblich ein leichtes. Daraufhin klapperte Bert sechs Apotheken ab, aber er konnte das verschriebene Mittel nicht bekommen. Der letzte Apotheker verkaufte ihm dann wieder Amoxil forte (nicht für Kinder unter zwei Jahren) und meinte, es sei das Gleiche. Es war zum Verzweifeln, aber ich machte doch lieber Halswickel und hoffte inständig, dass ich das Richtige tat.

Später musste ich mich öfters gegen den Vorwurf der Verantwortungslosigkeit und der Naivität wehren. Vor unserer Reise hatte ich alle zur Verfügung stehenden Möglichkeiten ausgeschöpft, mich umfassend zu informieren. Marco und ich waren beim Kinderarzt gewesen, der nicht von der Reise abgeraten hatten. Wir hatten einen Termin beim Tropeninstitut wahrgenommen, bei der Botschaft und dem DAAD nachgefragt. Alle Impfungen zu denen uns geraten wurde, hatten wir erhalten. Zu unseren Bekannten in Syrien zählten Diplomaten aus Deutschland, Niederlande und Schweden, die ebenfalls mit ihren kleinen Kindern dort waren. Ist der Staat, der junge Familien in Länder wie Syrien schickt, verantwortungslos?

Was Naivität anbetrifft, so lasse ich mir diese Unterstellung gefallen, wenn damit nicht die negative Konnotation von Unwissenheit und Dummheit gemeint ist, sondern die positiven Aspekte von Naivität. Dazu gehört eine gewisse Offenheit, die es begünstigt einem Sachverhalt neutral gegenüberzutreten. Naive Menschen glauben eher an das Gute und verbreiten daher einen unbeschwerten Optimismus. Sie verfügen über eine intuitive Menschlichkeit und begegnen ihrem Gegenüber überwiegend mit Empathie. Handlungen naiver Personen sind geprägt von ungezwungener Natürlichkeit, denn zu viel Nachdenken kann bisweilen zum Nicht-Handeln führen.

Während Marco jeden Monat an einer Infektionskrankheit erkrankte, hatte ich eher mit Durchfall zu kämpfen. Seit zwei Tagen war ich wieder total krank. So recht kam ich nicht zur Ruhe, da Marco auf mir herumturnte, während Bert zum Labor, zum Arzt und einkaufen musste. Festgestellt wurden diesmal Spulwürmer, gegen die man hier nichts unternahm, denn in Syrien „lebt jeder in Symbiose mit einem Wurm", wurde mir gesagt.

In all den Wirren war ich auch noch schwanger geworden. Nach den anstrengenden Tagen fiel ich abends tot müde ins Bett, außerdem stillte ich noch und konnte so keinerlei Aussagen zum Thema Fruchtbarkeit machen. Daher riet ich dringend von sexuellen Aktivitäten ab, denn es war Bert, der kein weiteres Kind wollte. Zu Hause hatte ich mir ein zweites Kind gut vorstellen können, aber nicht unter diesen Umständen hier in Syrien. Aufenthaltsgenehmigung, Wohnungssuche, Studium und permanenten gesundheitlichen Problemen bei allen Beteiligten, nahmen mir jegliche Lust. So waren sinnliche Begegnungen eine absolute Ausnahme. Aber so war es nun mal. Ich machte mir allerdings keine Gedanken. Meine erste Schwangerschaft war problemlos verlaufen und daher war ich diesbezüglich ganz entspannt. Nur wollte ich das Kind keinesfalls in Syrien zur Welt bringen. Es sollte erst Ende Juli 1986 geboren werden. Das war zum Ende der Stipendienzeit, jedoch mussten wir ja noch mit dem Auto nach Hause fahren. Dafür war Ende Mai der beste Zeitpunkt. Die Kurse am Institut endeten im Mai mit den Prüfungen, genau wie der Unterricht in den Schulen und wegen der großen Hitze wurden auch die Universitäten geschlossen. Trotzdem informierte ich den DAAD über meine Pläne. Dies führte zu einem riesigen Theater, gepaart mit Unverständnis und man wollte prüfen, ob die bisher erhaltenen Stipendiengelder zurückzuzahlen seien. Für mich war diese Haltung nicht nachvollziehbar, denn ich erfüllte alle verlangten Bedingungen. Meine Tage dauerten von sechs Uhr morgens bis 22 Uhr abends, weil ich den unbedingten Willen hatte, trotz der manchmal widrigen Umstände alle Verpflichtungen im Zusammenhang mit dem Stipendium zu erledigen. Dazu gehörte auch die Ausführung meines geplanten Forschungsvorhabens.

Forschungsvorhaben: Das syrische Schulsystem

Mein Ziel war es, das Bildungssystem Syriens zu erforschen. Für den theoretischen Teil hatte ich einen Fragenkatalog auf Arabisch erarbeitet. Damit ging ich zum Erziehungsministerium. Zunächst durfte ich es nicht betreten, da der Minister anwesend war. So sprach ich eine Stunde später erneut vor. In einem Büro des Erziehungsministeriums konnte ich alle meine Fragen an einen außerordentlich freundlichen Beamten richten. Gut, dass ich mittlerweile mit dem syrischen Dialekt vertraut war, denn seine erste Frage war, ob ich Arabisch könnte. Er nahm sich zwei Stunden Zeit und beantwortete alle meine Fragen. Das Gespräch war sehr informativ und als wir auf die Erziehungsrichtlinien zu sprechen kamen, holte er eine Broschüre mit den Bildungs- und Erziehungszielen aus einem Schrank. Als ich fragte, ob mir er mir wohl die Informationsschrift überlassen könnte, war er sich unsicher und riet mir eine Genehmigung des Direktors des Ministeriums einzuholen. So machte ich mich innerhalb der Behörde auf den Weg, erstellte ein Gesuch, ließ es in verschiedenen Büros abstempeln und mit Gebührenmarken versehen. Doch am Ende des Tages erhielt ich die begehrte Genehmigung nicht. Enttäuscht ging ich wieder in das Büro meines Interviewpartners. Ich hatte den Eindruck, ihm ging es ähnlich wie mir, er hatte mir auf die korrekte Art und Weise helfen wollen und diese war nicht erfolgreich. Scheinbar gab es diesen Weg nicht. Er öffnete den Schrank und gab mir die ersehnte Broschüre. Es handelte sich um den ministeriellen Beschluss Nr. 566 vom 9.4.1967 zum „Internen System der Grundschulen".

In der Informationsschrift des Ministeriums wurden acht grundlegende Erziehungsziele aufgelistet und näher erläutert. Zwei der Ziele ähnelten den allgemeinen Grundsätzen des deutschen Bildungs- und Erziehungsauftrags. Es ging darum, „dafür Sorge zu tragen, Bedingungen zur gesunden körperlichen Entwicklung zu schaffen" (1). In den deutschen Grundsätzen wird der Auftrag formuliert: „Freude an der Bewegung und am gemeinsamen Sport zu entwickeln, sich gesund zu ernähren und gesund zu leben."[1] Ein weiteres Prinzip beschreibt „die Unterstützung des Kindes zur richtigen geistigen Entwicklung und zur Entdeckung seiner Fähigkeiten und

---

[1] § 2 SchulG Abs. 6.8

Möglichkeiten"(2). Im deutschen Bildungssystem sollen die Schülerinnen und Schüler (SuS), „die eigene Wahrnehmungs-, Empfindungs- und Ausdrucksfähigkeit sowie musisch-künstlerische Fähigkeiten"[2] entfalten können.

Die weiteren syrischen Erziehungsziele wichen jedoch immer stärker von den deutschen ab, beispielsweise Punkt 6, der die „Formung eines festen ethischen Gewissens" vorsah, was sich für mich schon eher nach Indoktrinierung anhörte.

Die Ziele sieben und acht handelten dann von der „Vorbereitung des Kindes auf einen, von seiner arabischen Völkerschaft überzeugten Bürger, der sich zum Kampf verpflichtet im Interesse ihrer Sache." (7) und der „Entwicklung des Bewusstseins der Kinder zur Wichtigkeit des nationalen Kampfes gegen die zionistische und kolonialistische Gefahr"(8) und befremdeten mich sehr.

In den syrischen Erziehungsrichtlinien vermisste ich Aussagen, wie sie in deutschen Bildungsrichtlinien zu finden waren, beispielsweise die "Erziehung zur Selbständigkeit und zum eigenverantwortlichen Handeln"[3] oder „die eigene Meinung zu vertreten und die Meinung anderer zu achten" [4] sowie „... sich einzusetzen für ein friedliches und diskriminierungsfreies Zusammenleben" [5].

---

[2] § 2 SchulG Abs. 6.7
[3] § 2 SchulG Abs. 6.1
[4] § 2 SchulG Abs. 6.3
[5] § 2 SchulG Abs. 6. 5

Ähnlich wie im Büro des Erziehungsministeriums erging es mir bei meinem Vorhaben einzelne Schulen zu besuchen. Ich versuchte auf offiziellen Wegen eine Genehmigung für einen solchen Besuch zu erhalten. Das bedeutete wiederum ein Gesuch zu formulieren, Gebührenmarken zu erwerben sowie Unterschriften und Stempel in verschiedenen Büros zu erbitten. Was ich hier in einem Satz geschrieben habe, dauerte Stunden meistens Tage, manchmal Wochen. Die erforderlichen Genehmigungen erhielt ich aber nicht. In unserem Viertel befand sich auf der gegenüberliegenden Straßenseite eine Grundschule. Kurzer Hand ging ich schließlich dorthin und fragte die Direktorin, ob ich einen Vormittag an ihrer Schule verbringen dürfte. Sie war einverstanden und stellte mir eine Kollegin vor, die mich mit in den Unterricht einer zweiten Klasse nahm.

Der Unterrichtsraum war mit einer Tafel, einem Pult und Holzbänken mit fest davor montierten Tischen ausgestattet. Von 48 Kindern waren 44 anwesend. Die SuS saßen zu dritt in einer Bank, die gerade ausreichend Platz für zwei SuS bot. Der Unterricht begann um 8:30 und zuerst fragte die Lehrerin. „Wie wird gesessen?" Alle Kinder setzten sich gerade mit verschränkten Armen hin. Der Unterricht begann mit einem Lied über Zahlen, denn in der ersten Stunde fand Mathematik statt. Während der Stillarbeit liefen mehrere SuS durch die Klasse. Ohne Pause begann die zweite Stunde, Religion. Alle SuS dieser Klasse waren offensichtlich Muslime. Während der ganzen Stunde wurden die Kinder, die sich meldeten nach vorn gerufen, um auswendig gelernte Koranverse zu rezitieren. Nach dem Pausengong stellten sich die Kinder in Zweierreihen auf und verließen geordnet den Klassenraum. Die erste Pause verbrachte ich mit den Lehrerinnen im Lehrerzimmer. Inhalte der beiden folgenden Stunden waren Lesen und Schreiben zum Thema „Flugzeug". Neben den Leseübungen und der Erarbeitung der neuen Wörter an der Tafel, durften die SuS ein Flugzeug nachmachen und die Szenen des Textes spielen. Danach löste jedes Kind allein in seinem Buch die Aufgaben, die zuvor besprochen worden waren. Der Arabischunterricht nahm den Hauptteil des Unterrichtsplans für die Grundschule ein. Das Fach Arabisch gliederte sich in Lesen, Rezitation (mahfuzat) bzw. Vortragen (nasid), Grammatik, Schreiben, Diktat, Ausdruck, Kurzgeschichte und Gespräch.

Neben der Vermittlung der Unterrichtsinhalte konnte ich beobachten, dass die Lehrerin häufig die Sitzhaltung der SuS korrigierte. Daneben erklärte sie den Kindern wie sie sich richtig melden konnten. Zur Vertiefung wurden die gelernten Inhalte von allen Kindern gemeinsam im Chor wiederholt. Die Beiträge einzelner Kinder wurden von der gesamten Klasse mit Beifall oder einem Lied honoriert. Insgesamt empfand ich die Klasse als sehr unruhig.

In der zweiten Pause ging ich mit auf den Pausenhof. Am Ende der Pause stellten sich alle SuS klassenweise auf. Eine Schülerin der sechsten Klasse gab ein paar militärische Anweisungen wie z. B. „Schritt zur Seite"; „Arm auf die Schulter des Vordermannes" etc. Im Anschluss daran trugen SuS verschiedener Klassen Lieder und Gedichte vor, die mit Applaus gewürdigt wurden.

Wieder zurück in der zweiten Klasse begann die letzte Stunde und die SuS durften zeichnen. Das Thema war frei. Die Kinder malten Flugzeuge, Kriegsgefechte, Soldaten mit Maschinenpistolen, Hubschrauber und Panzer. Manche Kinder malten auch nicht, sie schienen schlicht zu müde zu sein. Alle Unterrichtsstunden wurden von derselben Lehrerin, einer älteren, routinierten, liebevollen Dame, abgehalten. Ich war sehr dankbar, dass ich die Möglichkeit erhalten hatte, einen Einblick in den Unterrichtsalltag bekommen zu haben.

Ermutigt von dem erfolgreichen Besuch der Grundschule wandte ich mich an einen Kindergarten in unserem Stadtviertel Muhagrin. Auch hier erhielt ich die Erlaubnis einen Vormittag lang eine Kindergruppe zu begleiten. Ebenso suchte ich eine weiterführende Schule in unserem Viertel auf, um auch dort darum zu bitten, die Erlaubnis für einen Unterrichtsbesuch zu erhalten. Der Direktor dieser Schule bat mich jedoch, zuvor eine Genehmigung des Erziehungsministeriums einzuholen. Das hatte ich ja schon erfolglos versucht. So blieb mir ein Eindruck aus einer weiterführenden Schule verwehrt. Das Erziehungswesen war in der Hand von Parteifunktionären und damit starken bürokratischen Zwängen ausgesetzt. Umso dankbarer war ich der couragierten Direktorin der Grundschule, dass sie mir ermöglicht hatte, an der Schulpraxis in Syrien teilzuhaben.

Darüber hinaus analysierte ich die Grundschulbücher (die Bücher hatte mir ein syrischer Freund besorgt, der Vater dreier Kinder war) anhand der Erziehungsziele und der Themen. 27% der Texte in den Schulbüchern beschäftigten sich mit dem Thema Partei, Staat und Geschichte und 26% waren sogenannte Lehrstücke, die sich um das korrekte Verhalten der Schüler bei der Eingliederung in die sozialistische Gesellschaft drehten. Die „Erziehung der Kinder zu fähigen Mitgliedern der Gesellschaft" war somit das wichtigste Ziel. Das abfragbare Wissen zu den o.g. Themen nahm mehr als 50 % der Schulbuchinhalte ein und die SuS lernten es auswendig.

Zu der Zeit als wir in Syrien waren, war in Deutschland wenig bekannt über das vorderasiatische Land. Mit der Erforschung des Bildungssystems erhoffte ich, mehr über dieses Land erfahren zu können. Bei der Beobachtung der Erziehung der Kinder konnte ich feststellen, welche gesellschaftsprägenden Normen und Werte vermittelt wurden und für die syrische Gesellschaft von offizieller Seite her wichtig waren. Sowohl theoretisch als auch praktisch unterschied sich das syrische Bildungswesen fundamental vom deutschen. In Deutschland geht es darum, die Kinder zu selbständig denkenden und kritischen Mitbürgern zu erziehen. Sie erlernen Inhalte zu hinterfragen und die Fähigkeit, ihre Meinung zu äußern. Ich hatte den Eindruck, dass eigenständiges Denken in Syrien eher unerwünscht war und den SuS systematisch mit Auswendiglernen und dem Marschieren im Gleichschritt aberzogen wurde. Die Auffassungen der beiden Länder, was unter fähigen Mitgliedern der Gesellschaft zu verstehen war, standen sich diametral entgegen. [6]

Politische Lage

Sowohl in der Organisation des Arabic Teaching Institutes als auch bei der Erkundung des syrischen Schulsystems konnte ich die Ziele einer Erziehungsdiktatur beobachten. 1963 war die von Michel Aflak 1943 gegründete Baath-Partei in Syrien an die Macht gekommen. Eine gebildete Minderheit sollte die Mehrheit der „unreifen" Bevölkerung solange in allen gesellschaftlichen Bereichen erziehen bis diese reif genug für die Demokratie war. Als Hafiz al-Assad 1970 bei einem Militärputsch an die Macht kam, wurde die Demokratisierung Syriens beendet. Al-Assad lockerte zunächst das strenge Regime der Planwirtschaft, regierte aber dann ab 1973 mit Notstandsgesetzen. Sie schränkten die Versammlungsfreiheit ein, erlaubten Festnahmen wegen Sicherheitsbedenken und sahen die Überwachung der Kommunikationswege und die Medienzensur vor. Auch sein Sohn Baschar hob das Notstandsgesetz bis 2011 nicht auf. Faktisch handelte es sich also um eine Militärdiktatur. Auf den Straßen wimmelte es von Polizisten, Geheimdienstlern mit Maschinenpistolen und Soldaten. Alle Beamten hatten militärische Ränge. Über allem wachte das Muchabarat (der syrische Geheimdienst).

---

[6] S.o. Erziehungsziel 5

In jeder Straße standen zivile Geheimdienstler oder welche in Uniform, ausgestattet mit Waffen, von denen sie auch Gebrauch machten. Sie kannten jeden Bewohner der Straße und hatten alles im Blick. Man stand ständig unter Beobachtung, was nicht nur mich sondern auch alle anderen Passanten einschüchterte und verunsicherte.

Die Geheimdienstler waren den Bewohnern einer Straße häufig bekannt, denn sie standen überall unübersehbar herum und hatten eher wenig zu tun. Es waren häufig einfach gestrickte Menschen, die froh waren eine Arbeit zu haben. Bert hielt ab und zu einen Plausch mit ihnen, so gut er eben konnte, wenn er mit Marco von seinen Besorgungen zurückkam. Die meisten anderen Passanten jedoch eilten über die Straßen, kaum einer blieb stehen und unterhielt sich.

Wenn überhaupt gesprochen wurde, dann nur über Alltägliches, denn Themen wie Politik oder Religion waren tabu. Selbst im privaten Bereich wurde diese Thematik nicht vertieft. Auch die syrischen Flüchtlinge, die ich später in Deutschland traf, gaben nur ungern Auskunft über ihre Religion und über Politik wollte nach wie vor niemand reden. Wir passten uns an, denn was blieb uns anderes übrig, wir waren nur geduldete Gäste auf Zeit und wollten diese unbeschadet überstehen. Auch hatten wir genug damit zu tun, die Regeln kennen zu lernen und das alltägliche Leben zu organisieren.

Kapitel 6 – Ein Stipendienjahr geht zu Ende

Besuch der Eltern/Bosra

Ende März bis Anfang April besuchten uns meine Eltern. Wir hatten ihnen angeboten mit unserem Bus durch Syrien zu fahren, doch wahrscheinlich hatten meine postalischen Beschreibungen sie verunsichert und so kamen sie mit einer Reisegesellschaft für internationale Studienreisen. Wir freuten uns sehr auf ihren Besuch und holten sie in ihrem Hotel ab. Wir zeigten ihnen unsere Wohnung und erzählten bis spät in die Nacht. Marco war recht schüchtern, denn seit der letzten Begegnung mit seinen Großeltern waren fast acht Monate vergangen. Später brachten wir sie zurück ins Hotel und verabredeten uns für den nächsten Tag. Wir wollten ihnen Damaskus zeigen. Zusammen schlenderten wir durch die Suqs. Neben den bunten Waren in den Auslagen, waren hier alle Kleidungsstile Syriens versammelt. Männer in langen Gewändern mit Kufiya. Mädchen in knielangen roten Kleidern mit Hosen darunter, christliche Frauen in komplett schwarzer Kleidung mit schwarzen auf besondere Art und Weise gebundenen Kopfbedeckungen. Männer westlich gekleidet, aber mit Kufiya. Frauen mit schwarzen, bunt bestickten langen Kleidern aus dem Norden betrachteten neben westlich gekleideten oder auch wenigen mit Tschador die ausgestellten Waren. Dann besichtigten wir die Umayyaden Moschee und besuchten das Nationalmuseum.

Danach kochten wir zusammen in unserer Wohnung und anschließend musste ich zum Unterricht. Bert,

Marco und die Eltern besuchten währenddessen den Spielplatz und verbrachten so die Zeit bis wir zusammen Abendbrot essen konnten. Am nächsten Morgen durften Marco und ich mit den Eltern im Reisebus in den Hauran fahren. Das war großartig, denn so konnten wir noch etwas Zeit gemeinsam verbringen und ich kam gleichzeitig in den Genuss noch mehr von Syrien kennen zu lernen. Jetzt zu dieser Jahreszeit war alles grün und wir fuhren durch Felder, auf denen Getreide, Wein und Obst angebaut wurde, nach Kanawat. Dort befand sich ein antiker Heliostempel den die Reisegruppe besichtigte. Das Dörfchen war ein religiöses Zentrum der Drusen und das Interessante war, dass sie ihre Wohnungen größtenteils in die antiken Gebäude eingebaut hatten. Weiter ging es ins ehemals römische Shabha und schließlich nach Soueida, dem heutigen Verwaltungszentrum des Hauran. Im 1. Jahrhundert vor Christus allerdings gehörte der Ort zum Nabatäerreich. Zum Abschluss besuchte die Reisegruppe Bosra, das neben Petra einen zweiten Schwerpunkt im Nabatäerreich bildete und später die Hauptstadt der von Kaiser Trajan neu gegründeten Provinz Arabia wurde. Hier gab es zahlreiche gut erhaltene antike Bauten aus schwarzem Lavagestein zu bewundern. Die Hauranebene galt damals als Kornkammer des römischen Reiches. Nach einem Zwischenstopp in Ezraa und der Besichtigung der byzantinischen Kirche ging es zurück nach Damaskus. Bert wartete schon im Hotel auf uns und wir fuhren wieder alle zusammen in unsere Wohnung, um mit einer Flasche Sekt Wiedersehen und Abschied zugleich zu feiern, denn am nächsten Tag ging es für die Eltern weiter nach Palmyra. Marco war, ob des ereignisreichen Tages schon längst eingeschlafen. Die Eltern hatten eine 3250 km weite Bustour durch Syrien vor sich. In Aleppo sollten sie zwei Nächte sein und ich hatte an diesen Tagen schulfrei. So beschloss ich mit Marco im öffentlichen Bus dorthin zu fahren, um noch etwas Zeit mit den Eltern verbringen zu können. In Aleppo angekommen, suchte ich mir ein kleines günstiges Hotel und wartete auf das Eintreffen der Reisegruppe. Die Eltern freuten sich sehr Marco und mich zu sehen, waren aber von der anstrengenden Fahrt sehr erschöpft, so dass wir uns für den nächsten Tag verabredeten. Mein Vater entschloss sich mit der Gruppe den Ausflug in die Umgebung mitzumachen, aber meine Mutter, Marco und ich machten Aleppo unsicher. Zuerst besuchten wir die große Moschee auf dem Weg zum Basar. Die Moschee wurde um 715 ebenfalls von den Umayyaden – etwa 10 Jahre später als die in Damaskus – errichtet. In dem wunderschönen, mit schwarz-weißen, geometrischen Mustern verzierten Innenhof waren zwei Reinigungsbrunnen für die Gläubigen. Das 45 m hohe Minarett aus dem 11. Jahrhundert ist im Zuge des Bürgerkriegs 2013 eingestürzt. Danach bummelten wir durch die Altstadt zur Zitadelle hinauf, tauschten Geld und besorgten ein paar Mitbringsel. Dabei trafen wir einen der Sicherheitsbeamten der Deutschen Botschaft aus Damaskus, den ich von meinen zahlreichen Besuchen dort zum Abholen unserer Post kannte. Er genoss es einmal privat ein paar Worte mit uns auszutauschen und wir gingen mit ihm zum Mittagessen in ein typisch syrisches Restaurant im Basar. Überall in den arabischen Ländern war ich bisher auf diese gekachelten Einraumrestaurants getroffen. Sie hatten vorn am Eingang eine Theke, in der die Gerichte zur Auswahl ausgestellt waren. An der Seite des Raumes standen ein paar kleine Tischchen, an denen die Speisen serviert wurden und im hinteren Teil befand sich der Herd. Natürlich gab es Tee zu trinken, der aber wurde aus einem Nachbarrestaurant herbeigeholt. Am nächsten Tag fuhren Marco und ich zurück nach Damaskus. Ein paar Tage später kamen die Eltern von ihrer Rundreise zurück und wir verabschiedeten uns von ihnen, denn am nächsten Tag ging es für sie zurück in die Heimat.

Ma´alula

Meine Eltern hatten begeistert von Ma´alula berichtet und so besichtigten wir das christliche Felsendorf als letzten Ort in Syrien an einem freien Tag. Nordöstlich von Damaskus etwa 56 km entfernt lag Ma´alula. Die Straße führte in engen Kurven auf 1500 m Höhe in das Qalamun-Gebirge, das zum Anti-Libanon zählt. Bis zu ihrer Vertreibung 2013 im Bürgerkrieg sprachen die christlichen Bewohner von Ma´alula Aramäisch. Aramäisch ist eine uralte Sprache, welche vor dem Arabischen in Syrien gesprochen wurde und die auch die vermeintliche Sprache Jesus von Nazareth war. In Ma´alula lebten 2004 etwa 2762 Menschen davon ca. 70 % Christen der melkitischen, griechisch-katholischen Kirche und der griechisch-orthodoxen Kirche. 2019 waren etwa zwei

Drittel davon geflohen. Die Bergkulisse war sehr beein-
druckend und wir besichtigten die aus der Antike stam-
menden Kirchen und Klöster, die auch eine große Bedeutung für die Christen im Nahen Osten haben. Wir liefen die vielen Treppen, die durch den Ort am Berghang
führten hinauf und hinab und schauten uns die teils in
den Fels gehauenen Kulturdenkmäler an. Zu den Pilger-
stätten zählte vor allem das griechisch-orthodoxe Frau-
enkloster St. Thekla und die griechisch-katholische mel-
kitische St. Sergius-und-Bacchus-Kirche samt Kloster.
Die spirituelle Bedeutung Ma´alulas führte sicherlich
dazu, dass die Islamisten 2013 den Ort besetzten, die
Nonnen in ihre Gewalt brachten und schließlich den
Wallfahrtsort verwüsteten.

Menschen in Syrien

Bevor wir nach Syrien fuhren, hatte ich mich auch mit
der Zusammensetzung der Bevölkerung Syrien ausei-
nandergesetzt. Mir war bewusst, dass wir auf viele verschiedene Menschen treffen würden. Ich war weltoffen
und ich hatte mich auf die Begegnungen mit den unterschiedlichen Volksgruppen gefreut, denn so hoffte ich
die Seele des Landes am ehesten erfassen zu können.

1916 wurde Syrien durch das Sykes-Picot-Abkommen
künstlich erschaffen. Der Name Syria ist griechisch und
bezeichnete den Großraum des westlichen Teils des as-
syrischen Herrschaftsgebiets in dem unterschiedliche
Völker wie die Assyrer, Aramäer, Babylonier, Nabatäer,
Phönizier, Philister, Perser, Ägypter, Juden, Griechen,

Römer, Araber und Türken gelebt hatten. Im Laufe der Zeit hatten diese unterschiedlichen Bevölkerungsgruppen kulturelle Gemeinsamkeiten entwickelt, deren Verkehrssprache unter griechisch-römischer Herrschaft Aramäisch war. Erst viel später entwickelte sich das Arabische als Bildungssprache, aber auch Armenisch, Tscherkessisch, Kurdisch, Englisch und Französisch wurde gesprochen. In religiöser Hinsicht war Syrien zunächst eine Hochburg frühchristlicher Kultur bis es um 660 n.Chr. das politische und kulturelle Zentrum des islamischen Großreiches wurde. Danach wurde es die Provinz Suria des osmanisches Reiches und schließlich nach dem ersten Weltkrieg Mandatsgebiet Frankreichs und Großbritanniens. Die Staatsgrenzen Syriens wurden durch das Abkommen der Mandatsmächte unabhängig von bestehenden ethnischen oder religiösen Gruppierungen festgelegt und hatten noch Bestand als wir 1985 dorthin reisten. Im ganzen Land wimmelte es von Militär. Kein Wunder, denn das Militär war der Hauptarbeitgeber. Viele Beamte hatten militärische Ränge und trugen Uniform. Auch die Angehörigen des Muchabarat waren Soldaten. Sie trugen aber nur zum Teil Uniform. Nicht wenige Geheimdienstler kamen vom Land und waren einfache Leute, die sich gut als Befehlsempfänger eigneten. Der Staat hatte meines Erachtens keinerlei Interesse daran, die Menschen gut auszubilden, diejenigen die nichts hinterfragten, waren am geeignetsten. Die meisten Staatsbürger waren froh, überhaupt eine Arbeit und damit ein regelmäßiges Einkommen zu haben. Sie spielten ihre Rolle außerhalb der eigenen vier

Wände. Wenig sichtbar im öffentlichen Bereich waren die Angehörigen der Mittelschicht, Menschen, die Einfluss hatten und deren Beistand, Hilfestellung, Unterstützung und Fürsprache wir häufig benötigten. Sie trugen meistens westliche Kleidung, hatten häufig Verwandte im Ausland, ihnen fehlte es an nichts. Sie hatten schöne Häuser, in denen sie ein angenehmes Leben führten. Innerhalb des Hauses waren sie selbstbewusst, zuvorkommend, stets hilfsbereit, aber außerhalb ihrer vier Wände verhielten sie sich unauffällig und vorsichtig. Wir begegneten allen Menschen unvoreingenommen, denn wir waren auf sie angewiesen, wenn wir das Land kennenlernen wollten, in dem wir eine Zeit leben wollten. Die meisten Menschen waren uns gegenüber sehr zuvorkommend, auch brachten sie uns eine natürliche Neugier entgegen. Sie nahmen uns gastfreundlich auf und unterstützten uns wo sie nur konnten. Aber es war wie ein ungeschriebenes Gesetz, über Religion und Politik wurde nicht gesprochen. Es wurde höchstens beiläufig oder zögerlich auf Nachfrage erwähnt, dass man Christ oder Muslim war. Aber politische Themen waren absolut tabu. Wir unsererseits sprachen auch nicht über Politik, das schien uns viel zu gefährlich aufgrund der allgegenwärtigen Überwachung.

Wie sehr die Syrer dieses Verhalten verinnerlicht hatten, konnte ich viele Jahre später in der Schule beobachten. Während des Bürgerkrieges kamen viele syrische Flüchtlinge nach Deutschland und da ich Deutsch als Zielsprache unterrichtete, konnte ich feststellen, dass sie sich ähnlich verhielten, wie damals als wir in Syrien waren. Die Menschen hatten sich an Überwachung und Kontrolle des Regimes gewöhnt und die Unterdrückung verinnerlicht.

Sozialistische Elemente im Sinne einer gerechten Verteilung des gesellschaftlichen bzw. staatlichen Besitzes an Produktionsmitteln und Gütern auf alle Mitglieder der Gemeinschaft, konnten wir nur in den staatlichen Läden beobachten. Die Jahrtausende alten Gepflogenheiten des Handels fanden eher verdeckt statt. Handel war immer auch ein Austausch mit Fremden gewesen und hatte schon vor der Zeitenwende eine große Bedeutung für Syrien, daher wohl auch die Offenheit und Aufgeschlossenheit der meisten Syrer uns gegenüber. Genauso wie die soziale Gleichheit aufoktroyiert war, schien es auch um das religiöse Miteinander bestellt zu sein. Jede religiöse Gruppe wohnte in einem eigenen Viertel, aber in der Öffentlichkeit ging kein Weg an der Zusammenarbeit vorbei. Überwachung und Kontrolle auf vielen verschiedenen Ebenen und die daraus resultierende Angst sorgte dafür, dass nur der eigenen Familie vertraut wurde. Eine gewisse Gewöhnung an die Umstände, dass man in der Öffentlichkeit nicht auffiel, hatte sich auch bei uns eingestellt. Innerhalb der Familie waren unbedingte Treue und der Zusammenhalt wichtige Elemente im Umgang miteinander. So schätzten wir uns glücklich, dass uns gleich zu Beginn eine Familie quasi adoptiert hatte und uns in jeder Hinsicht half, so gut sie konnte und soweit ihre Verbindungen reichten. Aber egal wen wir in inoffiziellen Zusammenhängen kennen lernten, jeder war gastfreundlich, großzügig und hilfsbereit.

Die Erfahrung fast ein Jahr in Syrien gelebt zu haben, möchte ich nicht missen, denn es ist etwas anderes, ob man in ein fremdes Land reist, um dort Urlaub zu machen oder ob man dort lebt. Ich kann schon sagen, dass mich diese Erfahrung nachhaltig geprägt hat und sie mein Leben beeinflusst hat. Sonst würden mir nicht Tränen in den Augen stehen, wenn ich das zerstörte Land sehe, in dem ich eine Zeit gelebt habe. Die Erfahrung, die Zeit dort hat mich beeinflusst und stark gemacht, denn wir sind ja nicht immer auf entgegenkommende Bedingungen gestoßen. Im Grunde kann man die Umstände in Syrien in zwei unterschiedliche Konstellationen differenzieren. Die offiziellen Bedingungen waren eher lebensfeindlich, abweisend, unterdrückend, es wurde uns schwer gemacht Fuß zu fassen. Ich arbeitete mich an den Behörden ab und das kostete mich jede Menge Kraft. Zum Glück waren die privaten Zusammenhänge ganz anders, unterstützend, zusammenhaltend, freundlich, offen, beistehend, so dass wir unser Dasein gut aushalten und auch häufig positive Erlebnisse erfahren konnten. Ohne die liebenswürdigen Zeitgenossen vor Ort wäre unser Aufenthalt schwer auszuhalten gewesen. Nur so waren die Lebensumstände in Syrien für uns erträglich und für unsere Mitmenschen dort wahrscheinlich auch. Ich kann nicht sagen, ob ich das Unternehmen auf mich genommen hätte, wenn ich so genau über die Lebensumstände Bescheid gewusst hätte. Aber im Nachhinein kann ich berichten, dass die Zeit in Syrien meinen Horizont enorm erweitert hat und mich gefestigt hat, schwierige Situationen zu meistern. Der Aufenthalt dort hat dazu geführt, stets verschiedene Ebenen und Hintergründe miteinzubeziehen und meine Sichtweise zu verändern und zu hinterfragen. Ich bin froh und dankbar für die Chance, die Welt aus einer anderen Perspektive betrachten zu können und sie mit anderen Augen sehen zu können. Ich fühle mit den Menschen, die dauerhaft in Syrien leben oder auch ihr Land verlassen mussten.

Alles in Trümmern

Die Altstadt Aleppos brannte, der Basar ist zerstört, die Zitadelle ist ramponiert und die große Moschee verwüstet. Ein Wasserrad in Hama ging in Flammen auf und das Crac des Chevaliers wurde beschossen. Das Amphitheater in Bosra wurde beschädigt und Palmyra teils gesprengt. Ma´alula demoliert und das ist noch lange nicht das Ende der Liste der Schäden des Bürgerkriegs.

Auch nach zehn Jahren arabischen Frühlings und syrischen Bürgerkriegs sitze ich immer noch fassungslos vor dem Fernseher, wenn die Zerstörungen in all den Orten gezeigt werden, die wir besucht hatten. Es fällt mir sehr schwer diese Verwüstungen, in dem Land, in dem wir fast ein Jahr gelebt hatten, zu ertragen. Mir ist unbegreiflich, wie das Regime unter Assad das eigene Land, seine eigene Bevölkerung so zurichten konnte. Auch wenn die Familie Assad der religiösen Minderheit der

Alawiten entstammt und die meisten Syrer, die sich gegen das Regime erhoben haben Sunniten sind, so war Syrien Jahrtausende ein Vielvölkerstaat. Es gab zahlreiche ethnische oder religiöse Minderheiten, die gut miteinander auskamen. Das Regime hielt zwar immer die Fassade, „Wir sind alle eins", aufrecht, aber eigentlich war den Syrern klar, dass das Regime sie in jeder Hinsicht täuschte. Das Prinzip der Herrschaft Assads bestand darin, die einzelnen Bevölkerungsgruppen gegeneinander auszuspielen und Zwietracht zwischen den Religionsgruppen zu säen. Die Sunniten bildeten zwar die wirtschaftliche Elite, waren dafür aber von allen sicherheitsrelevanten Posten ausgeschlossen. Die Sicherheitskräfte, insbesondere die Offizierscorps sowie die Geheimdienste waren mit loyalen Alawiten besetzt. Etwa 80 % der Offiziere der syrischen Armee im Jahr 2011 waren Alawiten, die gerade einmal knapp 15 % der Bevölkerung ausmachten. Im Bürgerkrieg stand dieses alawitische Heer an Sicherheitskräften und Militär treu ergeben hinter Assad. Es hatte den Auftrag der Assad-Familie den Aufstand unter allen Umständen niederzuschlagen und war soweit indoktriniert, dass sie jeden Herausforderer des Regimes, selbst wenn es friedlich geschah, für einen Terroristen hielten, der gefoltert und getötet gehörte. Nach mehr als zehn Jahren ist der Bürgerkrieg in Syrien aus den Medien verschwunden. Es wird kaum noch darüber berichtet. Es scheint als seien die Schätze des Landes unwiederbringlich verloren. Was hat der Diktator davon, wenn er nur in seinem Luxusbunker sitzen kann? Worauf kann ein Gewaltherrscher stolz sein, wenn sein Land in Schutt und Asche liegt? Am ehesten kann ich mich der Definition von Macht nach Elias Canetti anschließen. Er geht dabei weit zurück in der Zeit und beschreibt Macht als „Augenblick des Überlebens" als Triumpf des Lebenden über den Toten. Überleben bedeutet Macht, also führt der sicherste Weg zur Machterhaltung über das Recht, also die Entscheidungsgewalt über Leben und Tod. Ein Diktator bündelt die Staatsgewalt in seiner Hand und fürchtet sich fortan vor dem Verlust seiner Herrschaft, er ist nach Canetti ein paranoider Soziopath, der seine Untergebenen von klein auf mit Befehlen und durch permanente Kontrolle erzieht und mit dem Tode bedroht. Naja dieses Ziel hat Assad fast erreicht.

Rückreise durch die Türkei

Bevor wir heimfuhren deckten wir uns auf dem berühmten Handwerker-Bazar Tekkiye mit Mitbringsel ein. Die einzelnen Werkstätten lagen nach Werkstücken bzw. Berufszweigen geordnet nebeneinander. Die Kupferschmiede, die Messingtellerhersteller, die Schreiner, die Werkzeugmacher konkurrierten alle untereinander. Sie saßen inmitten der Gegenstände, die sie an Ort und Stelle herstellten und dann auch verkauften. Die Gassen waren erfüllt von Geräuschen des Hämmerns, Schleifens und Sägens und es roch nach Feuer, Farbe und Holz.

Wir verabschiedeten uns von allen syrischen Freunden und Bekannten, von den Mitstudenten, unseren ausländischen und deutschen Freunden, den Botschaftsangehörigen, dem Apfelsinenhändler und dem Polizisten in unserer Straße und brachen auf. Wir fuhren ein letztes Mal die Straße Richtung Aleppo durch den fruchtbaren Teil Syriens, vorbei an Kornfeldern, Olivenbäumen und Orangenplantagen.

An der Grenze Syrien/Türkei hatten wir erstaunlicherweise keinerlei Probleme mit unserem Bus. Die Papiere waren offensichtlich in Ordnung. Wir fuhren nach Anamur und freuten uns auf den Strand und unsere liebenswürdige Gastgeberfamilie. Für ein paar Tage genossen wir ein bisschen Urlaub. Dann ging es weiter nach Antalya. Die deutschen Freunde auf dem Segelschiff lagen auch noch im Hafen und so besuchten wir sie und erzählten von unserer Zeit in Syrien. Marco und Philip konnten jetzt, fast ein Jahr später miteinander spielen. Unser nächstes Ziel war Pamukkale, das auf Deutsch „Baumwollburg" heißen würde, denn die Kalksinterterrassen sehen tatsächlich so aus. Sie sind durch kalkhaltige Thermalquellen entstanden. Dreißig Grad warmes Wasser floss ständig in die Badewannengroßen Becken und es machte Riesenspaß, darin zu plantschen noch dazu sollte es gesund sein.

Nach diesem Abstecher setzten wir unsere Fahrt quer durch die Türkei fort, denn wir wollten in Eskishehir eine türkische Familie besuchen, die eine Zeitlang in unserem Heimatort gelebt und gearbeitet hatte. Sie war mittlerweile in die Türkei zurückgekehrt. Wir hatten keine Adresse und fragten uns vor Ort durch. Es war phänomenal, jeder, den wir fragten, brachte uns ein Stück

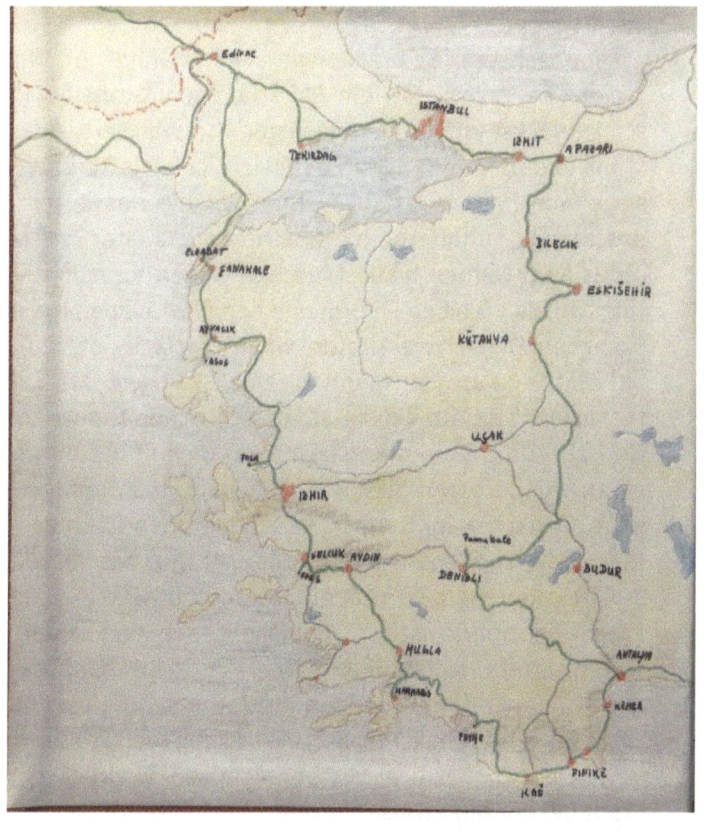

weiter. Es gab offensichtlich ein Stadtviertel, in dem Rückkehrer aus Deutschland wohnten und als wir dort waren, gab es wieder jemanden, der uns zu der bekannten Familien brachte. Am Wochenende zuvor hatte bei ihnen eine Hochzeit stattgefunden, aber wir waren trotzdem herzlich willkommen und wurden großzügig bewirtet und versorgt.

Am nächsten Tag brachen wir nach Istanbul auf. Wir fanden im Yachthafen ein Plätzchen zum Stehen und schliefen erst einmal. Am nächsten Tag war Bert leider krank und so mussten Marco und ich allein die Stadt unsicher machen. Zuerst besuchten wir die riesige, eindrucksvolle Sultan-Ahmed-Moschee. Bekannter ist sie unter dem Namen blaue Moschee wegen ihres Reichtums an blau-weißen Fliesen und den grün-blauen İznik-Fayencen. Danach wanderten wir an der Hagia Sofia vorbei zum Top Kapi Palast, um ihn zu besichtigen. Der Sultanspalast liegt auf einer Halbinsel zwischen Goldenem Horn, Bosporus und Marmarameer. Von dort hatten wir einen wunderbaren Blick über die Stadt und die Meerenge. Danach wandten wir uns dem großen überdachten Basar zu, dessen älteste Ladengassen bereits seit 1461 existieren. In den Läden bestaunten wir die ganze Pracht der orientalischen Teppiche, Leder- und Seidenwaren, Stoffe, Antiquitäten, Gold und Silberschmucks und kamen an einladenden Restaurants, Cafés und Werkstätten vorbei. Der kurze Streifzug war großartig gewesen und hatte einen überwältigen Eindruck der Stadt bei mir hinterlassen.

Den darauffolgenden Tag fuhren wir weiter Richtung Heimat. Dieses Mal durchquerten wir Bulgarien nicht, denn wir hatten keine Visa und so nahmen wir den Umweg über Griechenland in Kauf. Bis nach Österreich fuhren wir ohne große Unterbrechung. In Österreich gingen wir nach langer entbehrungsreicher Zeit in einen westlichen Supermarkt. Das war vielleicht ein merkwürdiges Erlebnis. Wir waren total überwältigt von dem riesigen Warenangebot und konnten uns absolut nicht entscheiden, was wir kaufen sollten. So standen wir schließlich ziemlich verwirrt mit einem Glas Nutella und einem Joghurt an der Kasse. Erst sehr viel später wurde mir klar, dass es vermutlich vielen Menschen aus ärmeren Regionen dieser Welt ähnlich ergehen musste bei so einem Überangebot an Waren.

In Syrien hatten wir die Nuklearkatastrophe von Tschernobyl am 26. April 1986 in Reaktor-Block 4 des Kernkraftwerks verpasst. Auf der siebenstufigen internationalen Bewertungsskala für nukleare Ereignisse wurde sie als erstes Ereignis in die höchste Kategorie katastrophaler Unfall (*INES 7*) eingeordnet. Dieses Ereignis war in Damaskus kaum Thema gewesen und von zu Hause aus hatte man uns nicht informiert, wahrscheinlich um uns nicht zu beunruhigen. Aufgrund der Schwangerschaft hätte ich mir viel zu große Sorgen um das ungeborene Leben gemacht. Die Wolken mit dem radioaktiven Fallout verseuchten weite Teile Europas und schließlich die gesamte nördliche Halbkugel der Erde. Zunächst zogen sie aufgrund von wechselnden Luftströmungen nach Skandinavien, dann über Polen, Tschechien, Österreich, Süddeutschland und bis nach Norditalien. Später erreichte eine weitere Wolke den Balkan, Griechenland und die Türkei. Innerhalb dieser Länder wurde der Boden je nach regionalen Regenfällen unterschiedlich hoch belastet. Offensichtlich waren die Wolken nicht bis nach Syrien gezogen oder aber die Gefahr einer nuklearen Verseuchung wurde einfach ignoriert.

Wieder zu Hause kamen wir erst einmal bei den Eltern unter und Ende Juli bekam Marc ein gesundes Schwesterchen.

Dank

Ich danke Frank Bremer für seine Anmerkungen und Korrekturen, für seine kritische Begleitung.

Zeitfracht Medien GmbH
Ferdinand-Jühlke-Straße 7
99095 Erfurt, Deutschland
produktsicherheit@kolibri360.de